잃어버린 형제

이스마엘

ISHMAEL LOST BROTHER

잃어버린 형제

이스마엘

초판 1쇄 발행 2024년 1월 8일

지은이   황태연
펴낸이   이기봉
편집   좋은땅 편집팀
펴낸곳   도서출판 좋은땅
주소   서울특별시 마포구 양화로12길 26 지월드빌딩 (서교동 395-7)
전화   02)374-8616~7
팩스   02)374-8614
이메일   gworldbook@naver.com
홈페이지   www.g-world.co.kr

ISBN   979-11-388-2611-2 (03230)

- 가격은 뒤표지에 있습니다.
- 이 책은 저작권법에 의하여 보호를 받는 저작물이므로 무단 전재와 복제를 금합니다.
- 파본은 구입하신 서점에서 교환해 드립니다.

ISHMAEL LOST BROTHER

잃어버린 형제
이스마엘
TOWARDS UNDERSTANDING MUSLIM

황태연 지음

FOR THIS SON OF MINE WAS DEAD AND
IS ALIVE AGAIN HE WAS LOST AND IS FOUND

좋은땅

프롤로그

———

누가복음 15장에 나오는 이야기를 우리는 '탕자의 비유'라고 합니다. 누가복음 15장 말씀의 중요한 요점은 아버지의 재물을 상속받아 집 떠난 막내 아들(탕자)에 초점이 맞춰진 것과, 갑자기 집에 돌아온 동생을 대하는 형의 태도를 향한 아버지의 마음이 잘 표현된 부분이기도 합니다. 따라서 저는 누가복음 15장의 내용에 대한 주제를 정한다면, '탕자 이야기'보다는 '두 아들의 비유'가 더 잘 어울리는 것 같습니다.

전 세계 20%에 해당하는 무슬림들을 생각할 때마다 많은 것을 느끼게 됩니다. 세상의 방송 매체가 말하는 이슬람의 모습과는 다르게 대부분의 무슬림들은 우리 주변에서 흔히 보는 선하고 정이 많은 사람들입니다. 물론 일부 극단주의 이슬람 또는 이슬람 원리주의를 중심으로 정부를 구성한 나라와 족속에서는 여전히 이슬람의 율법을 기준으로 국민과 여성들을 대하며 핍박과 차별을 통해 사회를 유지하는 모습들이 자주 방송되기도 합니다.

그렇다고 해서 그들이 이슬람을 대표하는 것은 절대 아닙니다. 여전히 많은 인구 가운데 이슬람 종교를 갖고 있는 무슬림들은 가족과 자녀를 걱정하며 이웃과 더불어 살려는 선한 마음을 소유했고, 그들

잃어버린 형제 이스마엘

은 자신을 이스마엘의 후손이라고 말합니다.

아브라함의 아들 이삭과 또 다른 아들 이스마엘, 분명 이삭과 이스마엘의 모친은 다르지만, 이들은 아브라함을 통해 세상에 나온 자손들입니다. 그런데 지금은 서로가 너무 멀리 떨어져 있고, 너무 다른 삶을 살고 있습니다. 누가복음 15장은 동생이 아버지를 떠났는데, 21세기에 사는 우리에게는 형이 아버지의 품을 떠나 방황하고 있는 것 같습니다.

'이스마엘', 같은 시대, 다른 환경 속에 이웃으로 살고 있지만, 우리는 이들에게 무관심한 것 같습니다. 때로는 이들을 테러와 폭력으로 살아가는 사람들로 매도하며 무슬림들과의 차별을 통해 우리의 순수성을 강조하려 합니다. 그러나 이스마엘은 우리의 적이고 사랑을 받을 자격이 없는 이복형제가 아닙니다. 비록 지금은 떠나 있지만, 이스마엘은 다시 아버지의 품으로 돌아와야 할 잃어버린 형제입니다.

이것이 아버지의 마음입니다.

오히려 이 땅에서 신앙 생활하며 주변의 무슬림들을 향하여 무관심한 우리의 모습이, "아버지를 버리고 떠난 자식에게 왜 사랑을 주려 합니까"라고 울부짖으며 분해하는 다른 형제의 모습이 아닐까 생각해 봅니다. 그리고 아브라함을 떠난 그 탕자는 아버지가 그토록 마음 아파하며 기다리고 있던 아들 '이스마엘'이 아닐까요?

우리에게 있어 무슬림은 우리의 대적이 아니라 아브라함을 아버지라 부르는 우리의 '잃어버린 형제'입니다. 그리고 우리의 역할은 그 잃어버린 형제 이스마엘을 향하여 손을 내밀고 아버지의 사랑을 전하는 것입니다.

　이슬람 국가에서 선교를 한다는 것은 결코 쉽지 않습니다. 국가마다 상황이 다르긴 하지만, 자신을 무슬림이라고 담대하게 소개하며 꾸란과 하디스를 삶의 표본으로 삼고 있다고 자신하는 사람들은 타종교에 대한 시선이 곱지 않습니다. 그런데 세계 선교 현장과 한국의 상황이 급속하게 변화되었습니다. 즉 선교지에서 만날 수 있는 거의 모든 국가의 사람들이 다양한 이유를 통해 우리 곁에 살고 있고, 이스마엘의 자손이라 말하는 무슬림들도 계속해서 들어오고 있습니다. 무슬림이란 정체성으로 이 땅에 거주하고 있는 사람들은 우리의 손길과 주님의 사랑이 필요한 잃어버린 형제들입니다.

　이 책의 목적은 단순히 이슬람과 무슬림을 설명하는 한쪽의 지식에 초점을 두지 않았습니다. 그러나 다양한 시각으로 무슬림과 이슬람을 이해하고, 스스로 생각하는 질문과 서로의 나눔을 통해 '잃어버린 형제'의 핵심 가치와 세계관의 중심에 무엇이 있는지 발견하는 기회가 되길 바라고 있습니다.

　이 책은 총 7장과 부록으로 구성되었지만, 많은 내용을 담아 책의 부피를 늘리고 싶지 않았습니다.

　특히 마지막 부록은 무슬림들과 만나며 현장에서 질문과 응답을 통해 느낀 내용들을 정리하였습니다. 이슬람이 무엇을 말하고 믿는지 1장부터 7장을 통해 이해할 수 있다면, 부록은 무슬림 선교를 위해 실제 사역 도구가 될 수 있다고 생각합니다.

우리가 무슬림을 만나기 위해 어떻게 다가서야 하는지(M사역 10가지 방법), 또한 무슬림을 만날 때 주의해야 할 것은 무엇인지(M사역 14가지 금기 사항) 현장에서 보고 느낀 것을 정리하였습니다.

그리고 무슬림이 기독교와 세상에 대해 오해하는 내용을 무슬림들과 직접 대화하며 나눈 내용들을 중심으로 '무슬림과 대화의 실제'라는 항목을 만들어 작성하였습니다. 또한 무슬림에게 복음을 전할 기회가 주어진다면 함께 읽으며 설명할 수 있도록 성경과 꾸란 구절을 병행하여 이해하며 읽을 수 있도록 '4영리'를 만들었습니다.

현재 서점에 다양한 모습으로 이슬람을 말하는 책들이 있지만, 이 책은 함께 생각하고 관찰하며 분석하여 무슬림을 향한 주님의 사랑을 적용하는 것에 중점을 두었습니다. 함께 공부하고 나눔을 통해 이스마엘을 깊이 이해할 수 있고, 잃어버린 형제에게 다가설 수 있다면 좋겠습니다. 그리고 잃어버려 죽은 줄 알았던 형제 '이스마엘'이 우리 곁에 다시 돌아온다면 누가 가장 기뻐하실까요?

"내 아들은 죽었다가 다시 살아났으며 내가 잃었다가 다시 얻었노라 하니 그들이 즐거워하더라"(눅 15:24)
"For this son of mine was dead and is alive again; he was lost and is found. So they began to celebrate"

‖ 목차 ‖

3장 이슬람의 메시아 이해와 종말 사상

4장 이슬람의 가르침과 종교적 관행

부록 인카운터 무슬림

C. 무슬림과 대화하기

본 서의 꾸란은 파하드 국장 성꾸란 출판청에서 나온 "성꾸란 의미의 한국어 번역서"(최영길)를 사용하였다. 이슬람은 알라(Allah)를 영어로 God(하나님)이라고 말한다. 본 서는 이슬람의 알라(Allah)를 성서의 하나님(God)과 구분하기 위해 알라(Allah)로 통일한다. 그러나 꾸란(Quran) 구절을 사용할 때는 꾸란 한국어 번역서에 표기된 그대로 '하나님'으로 표현한다.

1장

이슬람의
성경적 관점

1. 형제 종교

　일반적으로 종교학자들은 자신들의 관점으로 세상을 볼 때 유대교, 기독교, 이슬람교를 세계 3대 종교라 칭하며 같은 신을 섬기는 형제 종교라고 한다. 그렇다면 기독교인들은 어떻게 생각할까? 즉 무슬림과 유대교인이 우리의 형제인가? 여러분은 어떻게 생각하는가?

　유대교인들은 기독교를 구약으로 인해 형제 종교로 생각하지만, 무슬림에 대해 느끼는 종교적 이해는 사뭇 다르다. 끊임없이 진행된 피의 역사와 현재도 발생되는 다양한 모습의 갈등 상황이 형제로 받아들이기 쉽지 않을 것이다. 그러면 기독교인과 유대교인을 바라보는 무슬림들의 입장과 시각은 어떨까? 결코 간단한 문제가 아니다. 무슬림들은 자신들을 오직 이슬람 안에서 한 형제임을 말하지만, 이 또한 같은 이슬람 안에서도 나라, 종족, 분파에 따라 큰 차이가 있음을 알고 있다.

　그러나 기독교인들이 성경적 관점으로 세상을 바라본다면 하나님께서 모든 인류를 한 혈통으로 창조하셨음을 알 수 있다. 하나님의 관점에서 우리는 형제라는 것이다. 즉 예수를 중심으로 바라본 세상은, 구원받은 형제와 구원받지 못한 형제가 있을 뿐, 우리는 모두 하나님이 사랑하는 존재라는 것이다. 따라서 우리 주변에 있는 무슬림을 형제의 관점으로 바라보는 것이 성경적이다. 무슬림을 향한 하나님의 마음이 없다면 그들을 위해 기도하며 그들을 섬기는 것은 결코 쉽지 않을 것이다.

> **아브라함의 자손 이스마엘**
>
> 12 사라의 여종 애굽인 하갈이 아브라함에게 낳은 아들 이스마엘의 족보는 이러하고 13 이스마엘의 아들들의 이름은 그 이름과 그 세대대로 이와 같으니라 이스마엘의 장자는 느바욧이요 그 다음은 게달과 앗브엘과 밉삼과 14 미스마와 두마와 맛사와 15 하닷과 데마와 여둘과 나비스와 게드마니 16 이들은 이스마엘의 아들들이요 그 촌과 부락대로 된 이름이며 그 족속대로는 열두 지도자들이었더라 (창 25:12-16)

2. 잃어버린 아들

무슬림이 사용하는 이슬람이란 말도 평화를 의미하는 '살람'에서 나왔다. 즉 무슬림이 말하는 평화란, 신에게 절대적으로 복종하는 것이고, 이것을 실행에 옮긴 자들을 향해 무슬림이라 칭하고 있다.

이슬람에서는 신구약 성경에 나오는 아담, 아브라함, 이삭, 모세, 마리아, 예수 등 이들은 모두 무슬림이었고, 그런 이유로 꾸란에 그 이름이 기록되었다고 한다.

따라서 이슬람에서는 알라(Allah)에게 복종하며 선지자 무함마드를 인정하는 자는 모두 무슬림으로 간주한다. 무슬림은 이슬람의 선지자 무함마드가 이스마엘의 직계 후손이고, 아랍 민족 전체가 아브

라함의 후손이라고 믿고 있다. 또한 이는 성경에도 기록되어 있다고
무슬림은 주장한다.

Hagal and Ishmael
Frederick Goodall
(1822-1904)

창세기 25장 6절에 보면 "자기 서자들
에게도 재물을 주어 자기 생전에 그들로
자기 아들 이삭을 떠나 동방 곧 동국으
로 가게 하였더라" 즉 아브라함이 서자
들에게도 재산을 주었다는 표현은 분명
이스마엘도 포함되었다고 보는 것이다.
따라서 26억의 무슬림들은 아브라함을
믿음의 선조라 칭하고 이스마엘을 이슬
람의 조상으로 말한다.

그런데 이스마엘에 관한 기독교인의 관점이 매우 흥미롭다. 우리는
아브라함의 아들이 몇 명이라고 알고 있는가? 어린 시절 교회에서 불
렀던 찬양[1] 가운데 "믿음의 조상 아브라함은 일곱 명의 아들이 있었는
데요, 그중에 하나 키가 크고요, 나머지는 작대요" 하면서 7명의 아들
이 있음을 강조했다.

이런 이유로 성인이 될 때까지 아브라함에게 자손이 7명이 있다고
믿고 있었다. 그러나 창 25장에 보면 아브라함이 첩 그두라를 통해 6
명의 아들을 낳고, 사라와 하갈을 통해 이삭과 이스마엘이 출생하여
총 8명의 아들이 있음을 알 수 있다. 그런데 왜 이스마엘은 아브라함

---

1) http://www.dangdangnews.com/news/articleView.html?idxno=20665 "성경에는 없는
    성경 이야기"

잃어버린 형제 이스마엘

의 아들로 인정하지 않고 7명의 아들이 있다고 표현했을까?

창세기 16장 내용을 보면, 아브라함의 자녀를 잉태한 사라의 여종 하갈이 주인 사라를 멸시[2]했는데, 후에는 오히려 주인 사라가 하갈을 학대[3]하는 역전 현상이 일어나고, 하갈은 그 자리에서 도망가는 것을 알 수 있다. 혹시 이때부터 이삭과 주인 사라를 떠나 버린 하갈의 자식을 가족에서 제외했거나, 잃어버린 자식으로 취급하지 않았을까? 그래서 우리는 아브라함에게는 7명의 자녀가 있다고 노래했을까?

그렇다면 우리는 아브라함과 여주인을 떠난 여종 하갈과 그 아들 이스마엘을 어떻게 바라보아야 하는가? 탕자인가? 절대 돌아올 수 없는 자인가? 그래서 이들은 버림받은 자들이고, 테러리스트인가? 두려움의 대상이고, 주인을 멸시한 잔인한 자로 생각하는 것이 맞는가?

> **아버지의 마음**
>
> 아버지가 이르되 얘 너는 항상 나와 함께 있으니 내 것이 다 네 것이로되 이 네 동생은 죽었다가 살아났으며 내가 잃었다가 얻었기로 우리가 즐거워하고 기뻐하는 것이 마땅하다 하니라 (눅 15:31-32)

이것은 매우 잘못된 관점이고 이들을 사랑하지 못하고, 기도하지 못하게 만드는 악한 영들의 역사인 것이다. 우리는 하갈의 자손 이스마엘, 그의 후손인 무슬림을 사랑해야 하고, 이들을 위해 기도해야 한다.

---

2) (창 16:4) 아브람이 하갈과 동침하였더니 하갈이 잉태하매 그가 자기의 잉태함을 깨닫고 그 여주인을 멸시한지라
3) (창 16:6) 아브람이 사래에게 이르되 그대의 여종은 그대의 수중에 있으니 그대의 눈에 좋은 대로 그에게 행하라 하매 사래가 하갈을 학대하였더니 하갈이 사래의 앞에서 도망하였더라

오히려 사라의 학대와 멸시를 받고 자기가 지냈던 환경을 떠나 방랑의 길을 떠난 여종 하갈의 상황을 안타까운 마음으로 바라보고 인정해 줘야 하는 것이 아닌가?

상황은 많이 다르지만, 아버지 관점에서 볼 때 이스마엘은 마치 누가복음 15장에 나오는 잃어버린 아들과 같은 존재가 아닐까? 누가복음 15장을 보면 돌아온 동생(탕자)을 향하여 불만을 표현하는 형을 볼 수 있는데, 오히려 아버지가 "네 동생이 죽었다가 살아왔다" 하며 장자를 꾸짖는 장면이 나온다. [4]

이는 마치 조상 때부터 이 땅에 살고 있는 그리스도인들이, 우리 곁에 들어와 어려움과 두려움 속에 생활하는 무슬림들을 마땅히 도와주고, 사랑과 관용으로 포용하여 아버지의 큰 사랑을 실천하는 성숙한 모습을 보여야 한다는 것을 말하고 있는 것은 아닐까?

3. 창세기와 이스마엘

창세기 11장부터 37장은, 아브라함의 이야기와 함께 이스마엘과 그 후손에 관한 내용들이 자주 등장하는데, 그 이유는 이스마엘의 위치가 성경에서 결코 가볍게 취급될 존재가 아니고 하나님의 계획 가운데 이들을 향한 큰 뜻이 있음을 알게 하려는 것이다.

---

4) (눅 15:31-32) 아버지가 이르되 얘 너는 항상 나와 함께 있으니 내 것이 다 네 것이로되 이 네 동생은 죽었다가 살았으며 내가 잃었다가 얻었기로 우리가 즐거워하고 기뻐하는 것이 마땅하다 하니라

꾸란을 보면 무함마드가 창세기에 나오는 이스마엘의 내용을 이미 인지하였음을 알 수 있다. 그가 이슬람을 시작하며 무슬림들을 '하갈의 자손들' 또는 '이슈마엘 라이트(Ishmaelite)'로 부른 것은 구약 성경에 나오는 아브라함과 이스마엘의 직계

이슈마엘 라이트

이슬람 전통에 따라 아브라함과 이집트인 하갈의 자손인 이슈마엘로 시작된 아라비아의 다양한 부족, 연합체 및 작은 왕국의 조직에 속한 자를 말한다.

자손이 무슬림이란 것을 제자와 후손들에게 말하고 싶었던 것이다.

창세기 15장에 보면 여호와 하나님은 아브라함에게 자손에 대한 명확한 약속을 주셨다. 아브라함이 가나안에 정착한 지 10년이 지난 때였다. 아브라함의 아내 사라는 하나님이 약속하신 자녀를 더이상 기다릴 수 없었다(창 16:3). 사라는 당시 관습에 따라 자신의 여종을 통해 자녀를 낳기로 마음먹었고 아브라함은 사라의 제안을 받아들여 여종 하갈과 동침했다. 임신한 하갈은 사라를 멸시했고, 사라는 하갈을 학대했다. 참다못한 하갈은 몰래 도망쳤다(창 16:6).

그러나 하나님의 사자가 하갈 앞에 나타나 "네 여주인에게로 돌아가서 그 수하에 복종하라"(창 16:9)고 지시했다. 또 하갈이 아들을 낳을 것이라며 '이스마엘'이라는 이름을 붙여 줬다. 그리고 아브라함 나이 86세에 이스마엘이 태어났다(창 16:16).

구약에 나온 이스마엘이란 이름은 "하나님께서 돌보신다"라는 뜻으로 "이스마엘에 대하여는 내가 네 말을 들었나니 내가 그에게 복을 주어 그를 매우 크게 생육하고 번성하게 할지라 그가 열두 두령을 낳으

리니 내가 그를 큰 나라가 되게 하려니와"(창 17:20) 하시며 축복하는 내용의 말씀이다.

그리고 여기에 나오는 '복을 주어'라는 축복의 의미는 히브리어로 버락(Barak)이라고 불리며, 미국의 44대 대통령 버락 오바마(Barack Obama)처럼 오늘날 많은 무슬림들이 사용하는 이름이 되었다.

4. 하나님의 약속

성경의 기록에 등장한 이스마엘은 사라의 여종 하갈의 아들이었고 하나님의 약속을 받았으며, 결코 아브라함이 잊고 지낸 아들이 아니었다. 성경에는 "그의 아들들인 이삭과 이스마엘이 그를 마므

유럽의 무슬림

레 앞 헷 족속 소할의 아들 에브론의 밭에 있는 막벨라 굴에 장사하였으니"(창 25:9)로 쓰여 있고, 이 것은 이스마엘이 끝까지 아들로서의 신분을 유지하였음을 말하는 것이다. 그리고 이스마엘의 모습은 첫 모습과는 다르게 성경에는 그 이름이 계속해서 존재하고 있다. 즉 무슬림은 결코 잊혀진 대상이 아니라는 것이다.

계시록 21장을 보면 "24 만국이 그 빛 가운데로 다니고 땅의 왕들이 자기 영광을 가지고 그리로 들어가리라 25 낮에 성문들을 도무지 닫지 아니하리니 거기에는 밤이 없음이라 사람들이 만국의 영광과 존

잃어버린 형제 이스마엘

귀를 가지고 그리로 들어가겠고"라는 구절의 말씀을 통해 종말에는 모든 민족이 예루살렘 성전으로 들어가고, 하나님께 영광 돌리는 일을 할 것인데 여기에는 분명 전 세계의 20%에 해당하는 무슬림들도 포함될 것이라는 것을 알 수 있다.

또한 이사야서 60장의 말씀을 볼 때 이스마엘의 자손인 "게달의 양 무리도 주께 돌아온다"는[5] 것을 표현하며 하나님은 예루살렘의 회복이 곧 이루어질 것을 말씀하고 계신다. 이 예언은 앞으로 성취될 사건임을 계시록에서 확인시켜 주고 계신 것이다.

각종 미디어들은 우리 옆에 다가온 무슬림을 두렵고 무서운 대상으로 표현하는 경우가 많았다. 그래서 사람들은 무슬림을 향한 이슬람 선교가 어렵고 불가능한 것처럼 생각해 왔다. 그러나 이사야서에 나타난 약속의 말씀처럼, 결국은 하나님의 때에 무슬림 영혼들이 예수를 섬기며 함께 예배하는 때가 온다는 것과 주님의 약속이 완성된다는 것이다.

5. 아브라함의 모리아산

무슬림들은 천국 가기 위한 조건 가운데 하나인 성지순례에 큰 의

---

5) (사 60:3-7) 3 나라들은 네 빛으로, 왕들은 비치는 네 광명으로 나아오리라 4 네 눈을 들어 사방을 보라 무리가 다 모여 네게로 오느니라 네 아들들은 먼 곳에서 오겠고 네 딸들은 안기어 올 것이라 5 그 때에 네가 보고 기쁜 빛을 내며 네 마음이 놀라고 또 화창하리니 이는 바다의 부가 네게로 돌아오며 이방 나라들의 재물이 네게로 옴이라 6 허다한 낙타, 미디안과 에바의 어린 낙타가 네 가운데에 가득할 것이며 스바 사람들은 다 금과 유향을 가지고 와서 여호와의 찬송을 전파할 것이며 7 게달의 양 무리는 다 네게로 모일 것이요 느바욧의 숫양은 네게 공급되고 내 제단에 올라 기꺼이 받음이 되리니 내가 내 영광의 집을 영화롭게 하리라

미를 부여하고 있고, 평생에 한 번은 의무로 해야 하는 사명으로 인식하고 있다. 그 가운데 무슬림들이 가장 방문하고 싶어하는 곳은 이스라엘에 있는 모리아(Moriah) 산이다.

이슬람의 성지순례 지역 가운데 첫 번째는 아라비아반도에 있는 신성한 도시 메카(Mecca)이고 둘째는 무함마드가 이주하여 자신의 세력을 확장하며 이슬람의 기초를 형성했던 메디나(Medina) 그리고 세 번째가 바로 예루살렘(Jerusalem)이다.

창세기 22장에는 아브라함이 이삭을 데리고 모리아산(Moria Mountain)으로 이동하는 모습이 자세히 기록되어 있다. 유대인들은 믿음의 조상인 아브라함의 행적을 그대로 간직하고 있는 모리아산

예루살렘의 황금사원

을 하나님이 이스라엘 백성과 함께 했던 장소로 여기며 선조 때부터 신성하게 취급하였고, 현재도 매우 특별하게 인식하고 있다.

반면, 무슬림들은 자신들의 전승을 기준으로, 구약 성경에 나오는 아브라함이 모리아산에서 이삭을 드리려 했다는 내용을 부인하며, 사우디아라비아 메카 인근 아라파트산에서 이스마엘을 번제물로 받치려 했다고 믿는다. 따라서 지금도 해마다 무슬림들은 메카에서 성지순례 때 아브라함이 이스마엘을 드리려 한 희생 정신을 본받아 양과 소와 같은 동물을 알라(Allah)께 바치며 자신의 죄를 사해 달라는 기도를 드리고 있는 것이다.

잃어버린 형제 이스마엘

즉 성경의 기록과 다른 내용으로 아브라함이 이스마엘을 번제물로 선택했다는 이야기가 무슬림에게는 꾸란을 통해 이슬람의 새로운 역사로 들어온 것이다.

또한 이슬람의 역사와 신앙에서 모리아산은 유대교의 역사를 떠나 무슬림에게 매우 신성하게 간주된다. 그 이유는 이슬람의 선지자 무함마드가 부라크(Buraq)[6]라는 희귀한 말을 타고 천사 가브리엘의 안내를 받아 하루 만에 메카에서 예루살렘을 방문하고 모리아산에서 승천했다는 전설을 믿기 때문이다.

무슬림들은 세상의 종말이 오면 그 무함마드가 승천했다는 바위를 중심으로 나팔 소리가 울려 퍼질 것이고 이슬람의 유일신 알라(Allah)가 그곳에 나타나 사람들을 심판하게 될 것이라고 한다. 또한 무슬림들은 무함마드가 하늘에 올라갔을 때 7층의 천국을 경험하고, 세례 요한과 예수, 요셉과 모세의 형 아론 등을 만나 대화했다고 믿는다.

이 모든 것이 모리아산에서 시작되었고 무슬림들은 지금까지 선지자와 경전에 관한 이야기를 통해 모리아산에 다양한 의미를 부여하고 있다. 따라서 모리아산은 이슬람에게 있어 신성한 지역으로 간주되며 수호해야 할 장소인 것이다.

이러한 이유로 예루살렘은 이슬람과 유대교 사이에서 갈등의 씨앗이 여전히 자라고 있는 땅인 것이다. 유대인들 역시 믿음의 조상이라 여기는 아브라함의 흔적이 남아 있는 예루살렘을 결코 포기할 수 없

---

6) https://www.britannica.com/topic/Buraq

고, 무슬림 역시 무함마드가 천국을 방문하며 최후의 심판에 대한 예언적 사명을 명시한 예루살렘(모리아산)을 부인할 수 없는 것이다.

무함마드와 부라크

이처럼 모리아산을 중심으로 진행된 두 종교간의 신앙적, 역사적 갈등은 638년 무슬림 군대가 비잔틴 제국으로부터 예루살렘을 정복한 이후부터 현재까지 진행되고 있다.[7]

그리고 무슬림들은 그곳에 자신들의 상징과 같은 알아크사(Al-Aqsa) 모스크와 황금동 사원을 건립하여 이슬람의 성지임을 강조하였고, 모든 이슬람 국가들을 하나로 결집시키려고 노력하였다. 유대교와 이슬람 사이에 놓여 있는 예루살렘은 두 종교 간의 신성한 역할로 인한 중요성을 포기할 수 없는 지역으로 지금도 신앙과 정치적 이슈까지 더해진 상황 속에 갈등의 불씨가 꺼지지 않고 있다.

6. 아라비아반도와 기독교

아라비아반도는 무함마드가 이슬람교를 태동하기 전에 이미 예수

---

7) http://www.dailylearning.co.kr/main/sub.html?Mode=view&boardID=www22&num=2080&page=&key field=&key=&bCate=%B8%EA%8%B0 "십자군 전쟁 . W. 로버트 갓 프리"

잃어버린 형제 이스마엘

그리스도의 복음이 전해졌던 지역이었
다. 예수 그리스도의 부활 이후 기독교 복
음은 팍스로마(Pax Romana)로 인하여 유
럽과 중동으로 전파될 수 있는 발판을 얻
게 되었고, 로마 제국이 만들어 놓은 육로

> **팍스로마(Pax Romana)**
>
> 로마의 평화는 로마 제국이 전쟁
> 을 통한 영토 확장을 최소화하면
> 서 오랜 평화를 누렸던, 1세기와
> 2세기경의 시기를 말한다.

와 해로를 통해 유럽의 각 지역으로 쉽게 퍼졌다.

　당시 기독교는 로마황제 숭배를 거부하고 로마제국의 통치 이념과
부합하지 않는 교리를 가졌다는 이유로 많은 핍박을 당했으나 A.D
313년 밀라노 칙령 때 콘스탄티누스 대제는 기독교에 대한 관용을 베
풀고 사실상 공식 종교로 인정하였다. 그 이후 로마는 아라비아반도
에 대한 진출을 본격화하면서 군사적, 경제적 지배를 강화하였으며,
이 과정에서 기독교도 함께 전파되었다.

　로마의 확장을 통한 무역과 거주민들의 왕래는 아라비아반도에 기
독교 신앙 공동체를 설립하는 것에 영향을 미쳤고, 예수의 부활 이후
복음 은 로마를 넘어 안디옥, 소아시아, 시리아 인도까지 퍼지면서 1
세기 말에는 40여 개 이상의 기독교 신앙 공동체가 이스라엘을 중심
으로 아라비아반도와 유럽의 각 지역에서 만들어지기 시작했다. 6세
기 무함마드가 활동하던 아라비아반도에는 수백 년 동안 정착해 온
사람들이 있었는데 이들은 기독교 유산을 지키며 생활했던 유대인들
과 기독교인들이었다.

　이슬람의 경전 꾸란에 보면 수많은 선지자들이 등장하는데, 무함마

드를 제외한 모든 인물들이 성경에 기록된 하나님의 사람들임을 쉽게 발견할 수 있다. 즉 무함마드는 이미 아라비아반도에 존재했던 기독교 그룹과의 만남을 통해 자연스럽게 성서의 내용을 접할 수 있었고, 이것이 이슬람의 태동과 경전에 영향을 주었을 것이라는 것이 학자들의 일반적인 해석이다.[8]

주 후 6세기 말에서 7세기 초에 걸쳐 아라비아반도에 살며 활동했던 무함마드는 원래 아랍 부족들이 믿던 다신교의 토속 종교를 믿었으나 유대인 상인들과 기독교인들을 상대로 교역을 시작하며 한 하나님만을 섬기는 기독교에 많은 관심을 갖게 된다.

그리고 무함마드는 인생과 부족, 자녀와 종교 문제 등을 고민하며 히라산(Hira Mount)에서 기도를 하였고, 그곳에서 무섭고 신비한 체험을 하게 된다. 두려움에 떨던 무함마드는 집에 돌아와 자신의 아내 카디자(Kadija)에게 산에서 체험한 것을 이야기하였고, 카디자는 당시 아라비아반도에 있는 기독교인(에비온파-Ebionite) 사촌 이븐 와라까 나우팔(Waraqua bin Naufal)에게 남편의 상황을 설명하게 된다. 그리고 그의 사촌은 그가 천사 가브리엘을 통해 알라(Allah)의 음성을 들은 것 같다고 조언을 해 줌으로 무함마드로 하여금 이슬람을 시작할 수 있는 길을 열어 준다.

아라비아 반도에서 발견된
이슬람 이전 초기
기독교 공동체 터

---

8)   https://harmlessmostly.tistory.com/74 "중동, 아랍, 이슬람 세계 들여다보기"

잃어버린 형제 이스마엘

Q & A 더 깊은 나눔

1. 모리아산은 유대인과 무슬림의 정치, 종교, 문화 및 삶의 중심에 있어서 양보할 수 없는 중요한 장소이다. 그렇다면 무슬림과 유대인들이 바라보는 모리아산에 대한 관점의 차이는 무엇인가?

 2. 예루살렘은 언제나 세계 뉴스의 중심에 서 있으며 우리는 지금도 이스라엘과 팔레스타인의 충돌이 발생하는 합당한 이유를 두 지역의 갈등을 통해 쉽게 찾을 수 있다. 유대인과 무슬림의 신성한 장소로 취급되는 예루살렘의 역사와 종교의 배경을 바라볼 때 우리는 어떤 자세를 취하는 것이 좋다고 생각하는가?

3. 아브라함의 자녀로 태어난 이삭과 이스마엘의 차이점은 무엇인가? 성경에 나타난 이스마엘에 관한 기록을 볼 때 하나님과 아브라함의 관점은 어떠한가? 우리는 이스마엘을 어떻게 이해하는 것이 무슬림을 향한 오해와 불신의 출발점을 제거하는 것이라고 생각하는가?

4. 꾸란은 마리아의 아들 예수에 관해 어떻게 설명하는가? 성경의 예수와 다른 점은 무엇인가?

(꾸란 5:110) 마리아의 아들 예수야 내가 내린 나의 은총을 기억하라 내가 너를 성령으로 보호하여 네가 요람에서 그리고 성숙하여 사람들에게 말을 하였노라 내가 너에게 말씀과 지혜를 그리고 구약과 신약을 가르쳤노라 너는 흙으로 나의 뜻에 따라 새의 모양을 빚어 그곳에 호흡을 하니 나의 뜻에 따라 새가 되었노라 또한 장님과 문둥병을 치료하였으니 나의 뜻이었고 또한 죽은 자를 살게 하니 이도 나의 뜻이었노라

2장

이슬람의 시작과
핵심 사상

1. 알라딘과 램프 요정

A.D 4세기 이후 기독교 지역이 되었
던 남부 아라비아반도의 토착인들은 주
로 자연의 신비를 기억하며 바위, 샘물,
기이한 나무 및 특정 물건들에 신이 살고
있다고 믿고 그것들을 숭배했다. 그들은
자연에 존재하는 특정한 대상이 하늘의
뜻을 따라 인간을 돕거나 해하는 힘이 있
다고 믿었고, 그 존재들을 각각의 독특한

이슬람 요정 진과 마술램프

능력을 가지고 있고 영, 즉 진(jinn)이라고 불렀다.

진은 초자연적 존재로 가끔 여러 형태로 나타나 인간의 일상 생활
에 간섭하기도 하지만, 대체로 불의에 대한 형벌로 해를 끼친다고 믿
었다. 진은 오직 아랍 우상 숭배자들에게서만 독특하게 나타나는 존
재였고, 사람들의 부와 건강, 자녀와 농사 등에 영향을 주는 영적인
숭배 대상이다.

디즈니 애니메이션 〈아라비안 나이트〉에서 주인공 알라딘을 돕는

잃어버린 형제 이스마엘

램프 요정 지니는 아라비아반도에서 사람을 돕는 존재를 묘사한 것
인데, 주인의 필요에 따라 램프 밖 세상에 나와 자신의 힘과 능력을
과시하는 요정인 것이다.

아랍 세계에 존재하는 진의 형태가, 〈아라비안 나이트〉에 나오는
램프 요정처럼 인간사에 깊이 관여하여 선과 악을 치리하는 영적 존
재라고 이해하면 쉬울 것이다.

2. 높은 신 낮은 신

초기 아라비아반도에 거주하던 사람들
의 신(神) 개념은 세상의 모든 이치를 주관
하는 '높은 신'과 자연과 다양한 사물에 존
재하는 '낮은 신'으로 구분했다. '높은 신'은
지고한 존재로, 인간과는 연관성이 없는
초월적 대상으로 여겨졌지만, '낮은 신'은

아라비아반도의 여신들

인간과 유사한 모습과 능력을 가지고 있으며, 인간과 상호작용할 수
있는 존재로 여겨졌다.

높은 신과 낮은 신은 서로 다른 역할을 수행하며, 인간의 삶에 영향
을 미치는 것으로 믿었다. 그러나 절대자인 '높은 신'이 자신들의 삶을
주장하여 계획한다고 믿지는 않았다. 이와 같은 아랍인들의 신(神)에
대한 믿음은 이슬람의 고대 비문들에서 자주 발견할 수 있다.

그러나 무함마드 이후 나타난 이슬람에서는 이러한 다신교적인 신앙을 비판하고, 오직 하나뿐인 신을 숭배해야 한다고 강조하였다. 즉 현대 이슬람 사회에서 알라(Allah)가 유일신 최고의 존재로서 알려졌지만, 6세기 이전 신의 개념은 오직 하나의 유일신을 말하지 않았다.[9]

　6세기 이전 아라비아반도에 경배 대상으로서 신의 존재는 다양했고 아랍 부족의 신들은 아랍인의 신앙과 삶에 큰 영향을 주었다. 그러나 당시 아랍인들은 아라비아반도에 진출한 유대인과 삶을 공유하며 다양한 교류를 통해 그들의 신앙을 볼 수 있었다. 당시 아랍인들은 유대인들의 삶에 존재하는 유일신 사상이 아랍인의 다신교 사상과 매우 다르다고 생각했고, 그 당시 군사와 경제적 권력을 잡은 선지자 무함마드는 유대인으로부터 영향을 받을 수밖에 없었다.

　당시의 시대적, 환경적 상황이 아랍인들로 하여금 유대인의 성경과 신앙의 모습을 경험할 수 있는 계기를 만들어 주었고, 이것이 선지자 무함마드가 가졌던 유일신 사상에 큰 영향을 주었다고 보는 것이다.

3. 자힐리야 시대

　이슬람은 고대 아라비아반도에 거주하던 사람들이 자연과 사물에 존재하는 대상을 섬기며 생활했던 시대를 자힐리야(Jahiliya)라 부른다. 자힐리야는 신의 계시가 내려오기 전의 시대로 신에 대해 무지한

---

9)　https://moonstory1.tistory.com/389 "이슬람 이전의 아랍 종교와 알라의 기원"

기간을 지칭한다.[10] 즉 선지자 무함마드가 이슬람교를 시작하며 이전에 믿어왔던 다신교의 사상을 비판하고 무슬림은 오직 한 분인 유일신 알라(Allah)를 섬겨야 한다고 주장했던 시기이다.

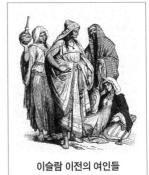

이슬람 이전의 여인들

이슬람의 창시자 무함마드는 B.C 570년 아라비아의 수도인 메카에서 출생했다. 그가 속한 꾸라이쉬(Quraish) 부족은 특별히 메카에 있는 '카바(Kaaba)'라는 사각 기둥 모양의 신전에 지역 신들을 모아 놓고 관리하는 역할을 감당하고 있었다.

무함마드는 어린 시절 부모님을 잃게 되고 외할아버지 집과 삼촌 집에서 성장하며 힘든 시절을 보낸다. 그는 성년이 되어 경제적 생활을 통해 많은 유대인들과 그리스도인들을 만나 무역을 하였고, 그가 25세 되었을 때 15세 연상인 카디자(Khadija)라는 여인과 결혼하여 자녀를 두었다. 그리고 610년경 그가 41세 되었을 때 무함마드는 뜻하지 않은 종교적 체험을 하게 된다. 그것이 무함마드의 삶을 전적으로 바꾸는 계기가 되었다.

무함마드는 자신이 체험한 신비한 사건들에 두려움이 컸지만, 그것이 천사를 통해 알라(Allah)가 내려준 하늘의 메시지라는 것을 깨

---

10) 자힐리야 시대 아랍시에 나타난 이슬람 이전 아랍사회와 문화 연구, 부산외국어대학교 지중해지역원. 2011. vol. 13

닫고 난 이후 다신교를 섬겨 왔던 자신이 속한 부족과 타 부족을 향해 신은 오직 한 분인 알라(Allah)만 존재한다는 것을 역설하게 되었다. 이를 계기로 자신의 부족뿐만 아니라 이웃 부족들로부터 심한 핍박을 받게 된다. 그리하여 무함마드는 자신의 출생지인 '메카'를 떠나 '메디나'로 이동하게 되면서 이슬람의 원년을 선포하게 된다.

4. 신의 계시

무함마드는 사랑하는 자녀를 잃은 슬픔과 삶에 대한 다양한 질문, 세상의 종교에 대한 갈등으로 기도의 시간을 갖기 원했다. 그리고 그는 가장 적합한 장소로 히라산(Hira mount)을 찾게 되고, 그곳에서 전혀 뜻하지 않은 영적 체험을 하게 된다.

무함마드가 사우디의 히라산 동굴에서 신비한 체험을 하고 두려움과 함께 집으로 돌아왔을 때 그는 겁에 질려 아내 카디자에게 자신에게 일어난 현상들에 대해 자세히 전했다. 카디자는 남편의 말을 신뢰하고 이를 확인하기 위하여 그녀의 사촌 오빠인 와라까 븐 나우팔(Waraqua bin Naufal)을 찾아가 남편 무함마드에게 있었던 일들을 상세히 설명했다.

와라까 븐 나우팔은 하나님께서 그의 선지자들을 택하시고 말씀을 삶 속에 부어 주신 것처럼, 무함마드는 특별히 이 공동체에 보낸 선지자 즉 하나님의 사도라고 확인해 주었고 이슬람의 태동에 큰 역할을 했다.

잃어버린 형제 이스마엘

그리고 카디자의 사촌 오빠는 자신이 알고 있었던 성경에 나온 선지자들의 삶의 모습을 기억하며 무함마드도 천사로부터 전달받은 메시지, 즉 하나님의 말씀을 전하면서 동족들로부터 버림을 받고 추방되는 아픔을 겪을 것이나 궁극적으로 하나님이 무함마드를 통해 새로운 계시들을 선포하고 하나님의 뜻을 이루어 가실 것이라고 말했다.

이 일로 무함마드는 자신이 경험한 두려움이 단순한 환영(幻影)이 아닌 신적 계시를 통한 선지자로서 선택 받은 것임을 확인하는 계기가 된 것이다. 무함마드는 또한 자신의 의지와 상관없이 신의 계획이고 뜻이라면 온전히 순종하고 복종하는 것이 사명자의 역할임을 인식하고 이슬람을 시작하게 된다.

5. 신의 뜻

지금도 무슬림들의 삶의 중심에 가장 중요한 것은 율법적 행위를 통한 삶의 방향을 결정하는 것도 있지만, 무함마드가 한순간 신으로부터 사명을 받고 순종했던 것처럼, 신을 향한 온전한 복종과

꾸란과 무슬림

헌신을 사회와 자신에게 주어진 영역에서 실천하며 사는 것이라고 고백한다.

무슬림은 지금도 삶에 나타나는 모든 것은 알라(Allah)의 은총이고 또한 시험과 어려운 일이 닥치면 인샬라[11] 또는 키스멧[12]이라 부르며 알라(Allah)의 뜻과 계획대로 모든 것이 행해짐을 믿는다.

현대인들은 바쁜 생활 속에서 하나님의 존재를 쉽게 망각하지만, 무슬림들은 바쁜 일상 속에서도 잊지 않고 예배를 드림으로 자신을 발견하고 알라(Allah) 앞에 매일 복종을 다짐한다. 무슬림들은 이 삶의 중심을 유지하고 실천하며 신의 음성을 매 순간 듣고 묵상하기 위해 하루 다섯 번 기도로 시작하고 끝맺는 것을 매우 중요하게 생각한다.

6. 선택받은 예언자

현대 이슬람의 종교적 기초 교리가 세워지기 이전 초기 이슬람은 혼돈과 상처 그 이상의 흔적을 가지고 있다. 처음 무함마드가 유일신을 주장하며 사람들을 설득했을 때, 자신이 속한 꾸라이쉬 부족도 그를 향하여 반기를 들었다. 이슬람은 이것도 알라(Allah)의 뜻이 이루어진 역사적 사건이라 말하는데 바로 이슬람의 시작을 알리는 히즈라(Hijra)[13]가 준비되었기 때문이다.

다신교 문화에서 오직 알라(Allah)만이 유일신이라는 사실을 강조

---

11) Inshallah 모든 것이 신의 뜻대로 결정될 것이다.

12) Kismet 신의 뜻이라면 내 의지와 상관없이 진행될 것이다.

13) 서기 622년 선지자 무함마드가 메카의 원주민(꾸라이쉬 부족)들로부터 견디기 힘든 박해와 고난을 피해 메디나로 이주한 원년으로 이때를 이슬람 력의 첫 해로 지키고 있다.

잃어버린 형제 이스마엘

하다 궁지에 몰린 무함마드는, A.D 622년 몇 명의 추종자들과 함께 자신의 고향인 메카에서 메디나로 이동하기 시작한다. 그리고 메디나에 정착하며 어려운 시간을 극복하고 유대교를 모체로 한 자신들만의 아랍 색채가 강한 유일신교를 종교로 가지고 스스로 예배하는 문화를 형성하였다.

무함마드는 고향을 떠나온 그들이 돌아가야 할 땅은 메카임을 언제나 추종자들과 함께 이야기했고, 자신들이 메카를 떠나 메디나로 올 수밖에 없었던 치욕적인 상황들을 기억하는 것이 그와 함께 생활하는 추종자에게 항상 동기 부여가 되었다. 특히 신의 계시를 받고 순종하며 살아가는 그들의 삶을 방해하는 대상은 더 이상 두려운 자들이 아니라 신의 음성을 거부하는 불신자들로 취급되었던 것이다.

알라(Allah)를 향한 믿음과 신념으로 무장된 무함마드는 전쟁을 통해 모든 추종자들과 군사들을 하나로 모을 수 있었고, 전쟁의 승패는 전적으로 알라(Allah)에게 있음을 각인시켰다. 전쟁의 실패는 인간의 죄성이 강해서이고, 승리는 자신들의 연약함을 고백한 것을 알라(Allah)가 불쌍히 여겨 이길 수 있도록 도왔기 때문에 가능했다는 것이다. 그리고 마침내 무함마드가 자신에게 치욕을 안겼던 메카를 굴복시키고 아라비아반도를 통일시켰을 때 알라(Allah)를 통해 평화가 찾아왔다 하여 이슬람(Islam) 즉 평화라 불리는 아랍 문화만의 유일신 종교를 만들게 되었다.

이슬람은 무함마드를 '가장 이상적인 사람'으로 말하지만 그를 숭배하지는 않는다. 그러나 그는 모든 사람들이 어떻게 이슬람의 가르침을 따라야 하는지를 보여 주는 선택받은 예언자 또는 선지자로 전 세계 무슬림의 세계관을 규정하는 실존적 대상으로 존재한다.

무슬림은 자신들의 선지자에 대해 어떠한 그림, 사진도 허락하지 않으며, 예배 처소에 알라(Allah)을 예배하는 방법으로 침묵을 통한 기도와 꾸란 암송 대신 눈길을 끌만한 어떤 것도 배치하지 않는다. 이는 사람의 마음이 알라(Allah) 외에 다른 것에 마음을 쏟아 자칫 우상숭배로 전락할 수 있다고 생각하기 때문이다.

그러나 기독교의 관점에서 바라볼 때 이슬람의 알라(Allah)는 쉽게 동일한 신(God)으로 믿을 수 없는 수 많은 차이점들이 있다. 또한 성경과 꾸란에 나오는 예수도 동일한 듯하면서도 목적과 계획이 완전히 다른 존재임을 볼 수 있다.

7. 형제 갈등

이슬람의 시작과 확장, 성장의 중심에는 언제나 선지자 무함마드가 있다. 그러나 이슬람의 중심이던 무함마드의 죽음 이후 이슬람은 새로운 시대를 맞이하게 되었고, 이것은 이슬람의 갈등을 넘어 전 세계를 긴장시켰던 또 하나의 사건이 된다.

선지자 무함마드의 죽음으로 무슬림은 새로운 지도자를 필요로 하게 된다. 그러나 강력한 지도자의 죽음은 차기 리더에 대한 이해 문제로 인해 사람들과 부족들 사이에 분열을 가져왔다.

아들이 없던 무함마드의 뒤를 이을 칼리프(이슬람 지도자)가 될 자격이 누구에게 있느냐는 문제로 시작된 이슬람의 분열은 결국 선출에 의한 칼리프를 추종하는 수니파(Sunni)와 오랫동안 무함마드 곁을 지켜 온 그의 사촌이자 사위인 알리(Ali)의 혈족을 추종하는 시아파(Shia)로 크게 나누어지면서 본격화되기 시작했다.

> **칼리프(Caliph)**
>
> '뒤따르는 자'라는 뜻의 아랍어로 무함마드가 죽은 후 이슬람 공동체의 지도자, 최고 종교 권위자의 칭호로 사용된다. 가톨릭의 최고 지위인 교황과 유사하다.
> 그러나 이슬람 내 수니파와 시아파의 칼리프에 대한 해석과 인정 방식의 다름으로 인해 지금도 피의 전쟁과 테러는 지속되고 있다.

타 종교와는 달리 이슬람교에는 성직자에 대한 비중을 크게 두지 않는다. 수니파의 이맘은 보통 예배의 인도자 정도를 뜻하는 사람으로, 만일 가족끼리의 예배 모임이면 집안의 연장자가 이맘이 되어 신을 향한 예배와 기도회를 인도하고 말씀을 나누거나 선포할 수 있다. 즉 신실하고 주변으로부터 인정받는 무슬림이라면 누구나 이맘이 될 자격이 있고, 신실한 신앙의 힘으로 신과 소통할 수 있다고 믿는 것이다.

그러나 시아파의 이맘은 무함마드와 피로 연결된 자손이어야 한다는 것이 중요한 조건이다. 따라서 무함마드 가족인 알리(Ali) 혈통을 통해 나온 후계자로서 신에 의해 선택된 영적 권위자를 가리킨다. 즉 시아파의 이맘은 보통의 인간과는 다르게 죄 없는 자이며, 특별한 권위와 능력을 신에게 부여 받은 무결점의 지도자로 여겨진다.

결국, 수니파와 시아파는 유일신 알라(Allah)에 대한 믿음과 이슬람교의 경전인 꾸란을 공유하고 있지만, 이슬람 지도자에 대한 인식의 차이를 보이기 시작하면서 세세한 부분까지 다른 점들이 생겨났다. 무엇보다 무함마드 사후 벌어진 크고 작은 유혈 사태는 이 두 세력이 영영 결별하게 만드는 원인이 되고 말았다.

현재 무슬림의 비율은 대략 수니파 85%, 시아파 13%, 수피 2% 정도인 것으로 알려져 있다. 그리고 무슬림이 밀집된 중동의 국가들은 어떤 종파를 믿는 사람들이 국가를 구성하고 있느냐에 따라 나라의 성격과 정책이 결정되기도 한다. 시아파와 수니파의 종주국으로 각각 이란과 사우디아라비아가 대표하지만 지금도 두 나라 외에 다른 지역에서 크고 작은 분쟁과 갈등이 지속되고 있는 것을 볼 수 있다.

최근에는 사우디아라비아와 이란 사이에서 카타르가 갈등의 핵심으로 부상하고 있다. 카타르는 폐쇄적인 다른 이슬람 왕조 국가들과는 반대로 언론, 산업, 문화, 교육, 인권 등의 분야에서 보다 진보적이고 개방적인 자세를 취하고 있다. 또한 권력과 부가 왕족에게 집중된 중동 시아파와 수니파 국가들 사이에서 유일하게 국가 권력을 민간에게 분산시키는 시도를 하는 나라로 유명하다.

최근 아랍 국가의 지도자들은 이런 카타르의 변화를 위협적 요소로 판단하고 있다. 내부적으로는 카타르가 이슬람의 색채를 강하게 표현하지만 삶의 형태는 서구의 풍요와 자유를 허용하는 나라로 변화되고 있다. 특히 지난 카타르 월드컵에서 보여 준 국가의 개방성은 이

잃어버린 형제 이스마엘

슬람에 대한 새로운 시각과 함께 이슬람 국가도 서구와 다를 것이 없다는 열린 시각을 갖게 한 것도 사실이다.

그러나 무엇보다 '중동의 허브' 역할을 자처하는 카타르가 중립 외교를 추구하며 이란과도 가까이 지내자 수니파 종주국인 사우디아라비아는 카타르와 일방적인 단교를 선언해 버렸다. [14]

카타르도 사우디아라비아와 같은 수니파 국가인 것을 생각하면, 21세기에 수니파와 시아파로 나뉘어 분쟁하는 것은 전통적이고 표면적인 이유일 뿐, 실제로는 정치, 경제 등이 분쟁의 실체적 원인으로 보인다.

8. 핵심 사상과 중심

1. 유일신 알라(Allah) 외에 성령과 예수에 대한 신성을 인정하지 않는다.
2. 믿음의 대상(알라(Allah), 천사, 꾸란)은 변할 수 없다.
3. 꾸란(Quran)은 아랍어 원전으로 읽고, 암송되어야 한다.
4. 구원을 위한 믿음의 형태(신앙고백, 예배, 금식, 구제, 순례)는 실천이다.
5. 삶을 통해 실현된 선과 악의 무게는 최후의 심판 때 적용된다.
6. 평화와 평등의 기준은 꾸란(Quran)과 하디스(Hadith)를 통해 증명된다.

---

14) https://www.kiep.go.kr/aif/issueDetail.es "카타르 단교 사태와 사우디의 중동 패권 경쟁"

Q & A 더 깊은 연구

1. 애니메이션 영화 아라비안 나이트에 나오는 알라딘과 램프 요정 진(Jinn)은 주인과 종의 관계를 묘사하고 있다. 무함마드에게 나타나 음성을 전해 준 영적 존재 진(Jinn)과 이슬람 이전 자연과 사물을 통해 영적 존재로 인정받았던 진(Jinn)의 차이점은 무엇이라고 생각하는가?

 2. 무슬림은 다양한 배경과 문화를 가지고 있지만, 이슬람의 신앙과 실천 양식을 중심으로 행동하는 종교다. 이슬람 공동체가 서구 사회(정치, 사회, 문화, 종교 등)를 향하여 가지고 있는 특성이 있다면 무엇인가?

3. 꾸란은 '장차 올 선지자'가 성경에 묘사되어 있고, 그가 이슬람 선지자라고 믿는다. 또한 많은 이슬람 학자들과 무슬림들은 꾸란과 성경 구절을 인용하여 무함마드가 모세 5경에 예언된 알라(Allah)의 선지자라고 믿는다. 어떻게 설명할 수 있는가?

4. 무슬림은 꾸란과 성경에 묘사된 선지자가 하나님이 약속한 무함마드를 지칭한다고 믿는다. 성경에 언급된 한 선지자는 누구이며 그의 역할은 무엇인가?

(꾸란 61:6) 마리아의 아들 예수가 말한 것을 기억하라! 온 이스라엘 자손들이여! 진실로 나는 전에 있던 율법을 굳게 하고 아흐맏(Ahmad)이라 하는 장차 올 선지자를 알리기 위해 온 하나님의 선지자니라

(신명기 18:18) 나는 너와 같은 한 선지자를 그들을 위해 세우리니, 내가 그에게 명령한 모든 것을 그들에게 전하리라

잃어버린 형제 이스마엘

3장

이슬람의 메시아
이해와 종말 사상

1. 꾸란과 예수

이슬람은 예수를 '루하 미느하 또는 루
흐민 알라(Ruha minha or ruh min Allah,
Sprit of God)'라 부르며 알라(Allah)가 허
락한 인간으로서 세상에서 칭호를 받기
에 합당한 선지자로 대우하고 믿는다. 꾸
란에 나타난 예수의 출생은 처음부터 인

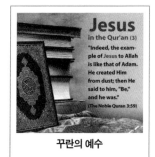

꾸란의 예수

간이었음을 묘사한다. 예수는 알라(Allah)의 뜻에 따라 이 땅에 탄생
했고, 알라(Allah)의 뜻에 따라 자신을 내어 줌으로 기적과 영광의 중
심에 서 있을 수 있었다. 무슬림들은 예수가 이 땅에 출현한 것이 이
슬람을 향한 알라(Allah)의 목적을 이루기 위한 계획으로 이해한다.

이슬람의 예수는 역사적인 관점에 따라 신적인 삶을 말하기보다 총
체적 관점으로 예수의 일생을 본다고 하는 것이 맞다. 예수의 신적 능
력과 사역의 초점은 알라(Allah)의 계획 가운데 이슬람을 높이기 위
한 선지자로 존재하고, 결국 예수의 역할이 이슬람 안에서 완성됨을
말한다. 그러나 성경의 백성들인 유대인들이 무슬림 예수를 멸시하

고 박해하며 그의 역할과 목적을 왜곡했다고 주장한다.

> (꾸란 61:14) 믿는 사람들이여 하나님의 길에서 돕는 자가 되라 마리
> 아의 아들 예수가 그의 제자들에게 하나님의 길에서 누가 나를 돕겠
> 느뇨라고 했을 때 저희가 하나님의 길에서 돕는 자가 되겠습니다 라
> 고 제자들은 대답했노라 그리하여 이스라엘 자손의 무리는 믿음을
> 가졌고 다른 무리는 불신하였더라 그래서 하나님은 그들의 적에 대
> 항하여 믿음을 가진 자들을 도왔으니 그들이 승리자가 되었노라

예수의 칭호는 꾸란에서 단독적으로 기록되지 않고 '마리아의 아들'
이라는 칭호와 함께 예수의 정체성을 표현하는 단어로 되어 있다. 성
경은 예수가 하나님의 아들, 성령, 하나님 인 것을 증명하지만, 꾸란
은 성경과 다른 각도로 인간 예수 그 이상의 역할을 부여하지 않는다.
이슬람은 예수가 마리아의 아들이라는 것을 꾸란에 강조함으로 성경
에서 표현하는 예수에 대한 신성과 삼위일체에 대한 것을 부인하려
는 의도를 가지고 있다. 꾸란에는 예수를 향하여 하나님의 아들이란
칭호가 한 번 기록되어 있고, 오직 예수를 부인하기 위한 문장 속에
그 칭호를 사용하였다.[15]

---

15)   Shabbir Akhtar, The Quran and the Secular Mind, A Philosophy of Islam, New York:
      Routledge, 2007, 32.

"기독교인들이 이르기를 예수가 하나님의 아들이라 하니 이것이 그들

의 입으로 주장하는 말이라 그들은 진실에서 멀리 현혹되어 있도다"

(꾸란 9:30)

2. 마리아와 예수

무슬림은 예수의 탄생이 보편적인 인간들과 다름을 인정한다. 알라
(Allah)의 명을 받은 천사의 도움으로 마리아의 태를 통해 예수가 탄
생된 것은 알라(Allah)의 특별한 계시가 존재하기 때문이라는 것이다.
이슬람은 예수가 다른 인간들과 다르게 이슬람을 시작한 무함마드와
연계할 때 그 의미와 알라(Allah)의 목적을 발견할 수 있다고 한다.

이슬람은 예언자로서 예수가 알라(Allah)의 종, 말씀, 영, 예언자,
사도, 표징, 기적, 증인, 축복자, 무함마드의 예비자 등 수많은 존경의
칭호를 소유하였고, 무슬림과 연계되어 있음을 말한다.

꾸란 2장 49절은 예수가 어떤 과정으로 세상에 탄생하였고, 그를
통하여 일어날 일들과 기적의 사건들이 자세히 묘사되어 있다. 꾸란
2장은 예수의 역할이 성경에 나타난 예수의 신적 특성과 매우 유사하
게 기록하고 있다. 즉 꾸란에 나타난 예수는 태어날 때부터 창조자의
능력을 소유했고 유대인이 기다렸던 메시아로 묘사한다.

그는 죽은 자를 살리고 장님과 앉은뱅이를 일으키는 능력자요 하늘
의 비밀을 세상에 드러내는 선지자로 표기되어 있다.

이슬람 신학은 예수의 탄생에 대하여 그가 세상에 온 가치나 마리아의 부르심에 대한 관심보다 오직 알라(Allah)의 뜻으로 창조되었음을 강조하며, 알라(Allah)의 능력으로 예수를 포함한 선지자들과 그의 택함을 받은 자들이 사역을 감당하는 것에 초점을 둔다.

즉 예수의 탄생이 어떤 모습으로 진행되었든지 그 선행 과정에 이루어진 기적들은 알라(Allah)의 절대적인 명령이 존재했다는 것이다. 알라(Allah)가 예수에게 권한과 권능을 부여하지 않으면 예수

> **선지자 예수**
>
> 이스라엘 자손에게 선지자로 보내리라 나는 주님으로부터 예증을 받았노라 내가 너희를 위하여 진흙으로 새의 형상을 만들어 숨을 불어넣으면 하나님의 허락으로 새가 될 것이라 하나님이 허락하실 때 나는 장님과 문둥이들을 낫게 하며 하나님의 허락이 있을 때 죽은 자를 살게 하며 너희가 무엇을 먹으며 너희가 무엇을 집안에 축적하는가를 너희에게 알려 주리라 너희에게 신앙이 있을 때 너희를 위한 예증이 있노라 (꾸란 2:49)

는 성경과 꾸란에서 아무런 의미를 찾을 수 없는 한 인간으로 비추어졌을 것이다. 그러나 알라(Allah)는 예수를 백성들 가운에 위대한 선지자로 세웠고, 이 부름에 합당한 삶과 사역을 살다간 선지자라고 꾸란은 묘사한다. 즉 꾸란은 예수의 출생 자체에 대한 아무런 신적 권한과 의미를 부여하지 않고 단지 알라(Allah)의 명령에 순종했던 인간으로서 기록한다.

무슬림은 이슬람의 예수가 기독교의 예수임을 강하게 주장하지만, 꾸란과 성경에 기록된 예수는 매우 상이한 점들이 많다. 왜 다를까? 그 이유는 무함마드가 다양한 이유로 유대인들과 교제하며 전해 들

었던 예수에 관한 이야기의 출처로 이해할 수 있다.

대표적 내용으로 꾸란 19장의 처녀 마리아가 예수를 낳은 후 주변 친족들로부터 어려움을 당할 때 엄마 젖을 먹던 예수가 엄마의 난처함을 대변하며 하늘의 계시와 무슬림의 행동 양식을 설명한 것, 땅에 있는 진흙으로 새를 빚고 생명을 불어넣어 날려 보낸 이야기들은 당시의 동부 아라비아반도의 유대인 사회 속에 전해 내려오는 '외경'의 내용과 매우 유사하다.

즉 무슬림의 주장처럼 무함마드가 순수하게 알라(Allah)의 계시를 전해 준 천사의 말을 듣고 암송하여 그 내용을 제자들에게 전승한 것이 꾸란의 내용이라기보다는, 당시 아랍 사회에 만연했던 기독교의 자료들을 습득하던 과정 중에 유대교와 기독교의 외경(外徑)과 위경(僞經)에 기록된 예수의 이야기를 기억하며 꾸란에 넣었을 것으로 보는 것이다.[16]

3. 이슬람 메시아 특징

꾸란은 '기독교의 성경'을 믿으라고 무슬림에게 요구하면서도 무슬림은 기독교인이 갖고 있는 오늘날의 성경은 원전이 없는 왜곡된 것이므로 믿을 수 없다고 말한다. 무함마드 당시 처음 생긴 이슬람 공동

---

16) 권형기, "무슬림은 예수를 어떻게 보는가?", http://jmiuubf.kimc.net/muslim/i_muslim. htm, 2016. 6. 27.

체는 유대인들이 소유한 성경이 알라(Allah)의 말씀인 것은 확실하나 그들이 성경의 일부를 삭제하고 왜곡했다고 주장한다.

이슬람의 메시아 예수에 관한 해석의 특징을 설명하면 다음과 같다. 첫째, 예수의 출생에 기독론적 의미를 제거하였다. 둘째, 예수의 등장은 구약의 모세와 무함마드를 통한 알라(Allah)의 약속된

꾸란의 메시아

게시를 연결하는 중간 존재임을 강조한다. 셋째, 예수의 죽음과 부활에 대한 기록은 성경이 증언하는 내용과 완전한 차이점을 보임으로 재림과 종말에 관한 이해가 다르다. 넷째, 이슬람은 행위 중심의 종말론적 메시아 사상을 소유함으로 믿음과 실천의 영역이 내부적 정신 세계와 외부적 행동 양식이 일치해야 한다고 주장하며, 이것은 천국을 소유할 무슬림에게 필수적 요소임을 강조하여 순례를 통한 구원의 방편을 제시한다.[17]

4. 예수의 사명

이슬람은 예수에게 인류의 구속을 위한 메시아로서의 사명이 있음

---

17) 일부 극단주의 이슬람은 오염되고 변질된 세상 속에 살아가는 무슬림들에게, 외적 삶의 영역에서 지하드로 무장된 강력한 종말론적 메시아 사상이 필요함을 강조하고 있다. 이것은 단순히 종교적 영역을 넘어 정치적 수단으로 종교적 원리와 가르침을 적용함으로 이에 따른 사회적 문제가 다양한 곳에서 발행하며 특히 동일 종교를 지향하는 수니파와 시아파의 갈등 속에 가장 많이 드러난다.

을 완전히 부인하며 다른 선지자와 구별되는 예수만의 특별한 역할이 있다고 한다. 이슬람이 말하는 이슬람은 예수의 주목할 만한 사명 가운데 하나가 토라에 기록된 것을 실천하는 것과 구약의 예언자들이 계시한 내용을 완성하는 것이라고 믿는다.

> **예수의 역할**
>
> 하나님은 마리아의 아들 예수로 하여금 그 이전에 계시된 구약을 확증하면서 그들의 발자취를 따르도록 했노라 또한 하나님은 신약을 계시하여 그 이전에 계시된 구약을 확증하면서 그 안에 복음과 생명을 주었으니 이는 복음이요 정의에 사는 자들의 교훈이라 (꾸란 5:46)

꾸란의 구절들은 구약 성서가 하늘로부터 내려왔으며 그것은 구약의 예언자들이 순종해야 했던 거룩한 경전임과 동시에 알라(Allah)의 목적이 신약(복음서) 속에 있다는 것이다. 그리고 마리아의 아들 예수의 사명은 이전에 계시된 경전들을 확증하며 후손들이 생명과 복음이 있는 내용에 순종할 수 있도록 본을 보이며 가르치는 것이라고 믿는다.[18]

꾸란 학자 샤비르 아크흐타(Shabbir Akhtar)는 "예수의 사명이 제한되었고 보낸 주체에 대한 언급과 보낸 목적, 이유에 대하여 성경은 대답하지 않는다. 그러나 꾸란에서 그 답을 발견할 수 있다"고 말한다. 그는 마태복음 15장 24절에 "예수께서 대답하여 이르시되 나는 이스라엘 집의 잃어버린 양 외에는 다른 데로 보내심을 받지 아니하였노라 하시니"라며 알라(Allah)는 이스라엘의 백성들에게 예수에 관한 이야

---

18)   Jonah Awodey, This Jesus, Torah, Gospel and Quran, North Carolina: lulu, 2010, 17-18.

잃어버린 형제 이스마엘

기를 더 이상 언급하지 않았다고 한다.

그러나 꾸란 3장 49절은 "이스라엘 자손에게 선지자로 보내리라 나는 주님으로부터 예중을 받았노라" 하며 이 후에 새를 만들고, 문둥병자를 치료하고, 죽은 자를 살리며 개인의 집안에 축적된 것에 대한 것을 알려 주는 예수의 행적[19]은 무함마드를 통한 꾸란에 기록되 있기에 확인할 수 있다는 것이다.[20]

예수는 알라(Allah)가 허락한 말씀들을 행위를 통하여 확증하는 역할과 함께 은총을 받은 자로 사명을 충실히 이행하도록 알라(Allah)로부터 직접 가르침을 받아 생명도 불어넣고 치료와 죽은 자를 살리는 역할을 감당했다는 것이다.

꾸란을 근거로 예수에 대한 믿음을 소유한 무슬림들은 예수의 가르침 가운데 분명한 특징을 '자비'라고 한다. 꾸란은 예수가 구약의 말씀과 신약 성경의 내용을 신으로부터 직접 계시받은 권세 있는 선지자라고 분명히 언급한다. 예수를 비롯한 모든 예언자들은 누구도 예외 없이 알라(Allah)의 올바른 길을 사람들에게 보여 주고 사람들이 알라(Allah)를 따르도록 돕는 것이었지만, 사악한 자들이 자신의 유익과 기쁨을 추구하여 고유의 신앙 노선을 창출했고 성경을 변질시켰다는 것이다.

따라서 예수의 사명 가운데 중요한 것은 알라(Allah)의 말씀을 배신한 사악한 자들을 향하여 믿음의 행적을 나타냄으로 세상의 본이 되

---

19) 꾸란 4장 49절의 내용은 꾸란 5장 110-111의 내용과 동일하다.

20) Shabbir Akhtar, The Quran and the Secular Mind: A Philosophy of Islam, 352.

는 것이다. 그러나 예수가 알라(Allah)의 특별한 계시를 부여받아 지상의 사역을 성취하는 사명은 있지만, 예수 당시에나 그 이후에 자신의 지상 왕국을 건설하고자 알라(Allah)께 임무를 부여받은 것이 아닌 것으로 이해한다.

꾸란에 기록된 예수는 특별한 영적 왕국 혹은 하늘 왕국의 개념이 존재하지 않는다. 즉 예수가 세상에 보내진 목적은 사람들로 하여금 그를 경배하라는 것이 아니라 오직 알라(Allah)를 섬길 수 있는 세상이 되도록 본을 보이는 선지자의 사명이 있다는 것이다.

5. 무슬림 예수

이슬람은 예수의 역할이 일반인들과는 비교할 수 없는 영광과 알라(Allah)에게 선택된 특수한 사명이 있지만, 이 모든 것은 예수 이후의 예언자를 위한 준비 과정으로 바라본다. 즉 이슬람은 예수가 무함마드보다 크다고 할 수 없고 오히려 무함마드를 예비하기 위해 알라(Allah)가 보낸 선지자이며, 인간으로 알라(Allah)의 명령을 수행하는 자일 뿐 알라(Allah)의 아들이 아니라는 것이다.

이슬람에서 말하는 모든 예언자들의 기본적인 사명은 세상 사람들이 알라(Allah)를 믿음으로 무슬림이 되게 하는 것이다. 이슬람에서 볼 때 예수는 가장 위대한 예언자들 중 한 명으로 그의 메시지는 무함마드가 전달하는 메시지와 같다는 것이 그들의 관점이다.

잃어버린 형제 이스마엘

꾸란은 예수가 자신에 관하여 '말씀, 창조자, 치유자, 성령, 알라(Allah) 가까이 있는 자 가운데 한 분' 등으로 묘사하며, 예수에게는 세상을 구원하기 위한 사명과 구속자로서의 사명이 없는 무슬림 선지자 가운데 한 명임을 확증한다.[21]

꾸란은 무함마드 이후로 새로운 어떤 예언자도 출현하지 않음을 말하지만 예수의 재림은 예외로 두었다. 무슬림들은 종말이 다가오면 예수가 억압과 학대로 얼룩진 이 세상의 정의와 평등을 실현하게

> **노아 모세 예수**
>
> 그분은 노아에게 내려진 종교를 너희를 위해서 확립하였나니 그분이 그대에게 계시한 것이라 또한 그분은 아브라함과 모세와 예수에게도 명령하여 그 종교에 충실하고 그 안에서 분열하지 말라 하셨노라 하나님 아닌 다른 것들을 숭배한 자들을 그대가 그것으로 인도하려 하는 그 길은 어려운 것이라 하나님 스스로를 위하여 그분이 원하는 자를 선택하시며 그분께로 귀의하는 자를 인도하시니라 (꾸란 42:13)

하려고 죽음 없이 승천한 그대로 이 땅에 다시 올 것이라 믿는다. 즉 예수 재림의 목적은 자신을 통한 새로운 종교를 전함이 아니라 이슬람으로 세상을 통치하기 위한 목적을 이루기 위해 알라(Allah)가 예수에게 특별한 사명을 부여하여 세상에 다시 보낸다는 것이다.

이슬람은 기독교가 예수를 알라(Allah)와 동일하게 취급하며 삼위일체를 강조하는 것은 이슬람의 믿음을 분열시키고 알라(Allah)의 신성을 파괴하기 위함으로 받아들인다. 알라(Allah)는 삼위일체가 아닌 일위일체(Tawhid)이고, 오직 알라(Allah)의 주권과 신성을 소유할 수

---

21) M. Stephen, A New Mission Agenda: Dialogue, Diakonia and Discipling, Delhi: ISPCK, 2007, 51.

있는 것은 아무것도 없다고 한다. 그러므로 인간은 알라(Allah) 외에 어떤 것도 경배의 대상으로 개입시키지 말고 그분만을 숭배해야 한다고 촉구한다. 알라(Allah)를 섬기는 것에서는 예수도 예외가 없고, 오히려 현세와 내세에서 진정한 행복을 누릴 수 있도록 인간을 선도하고 알라(Allah)가 원하는 바른 길로 인도하는 사명이 예수에게 주어졌음을 시사한다.[22]

꾸란은 예수가 종교의 논쟁을 종식하고 하늘의 진리를 선포하는 알라(Allah)의 충실한 종으로서 지혜와 함께 풍부한 예증을 소유하였고, 방황하는 인간들에게 바른 길을 제시하는 특별한 무슬림 선지자로 인식한다(꾸란 43:63-64).

꾸란은 예수에 관하여 다양한 해설을 내놓으며 무슬림으로 갖고 있는 메시아에 대한 이해와 해석을 통한 정의를 내렸다. 꾸란에 기록된 예수의 행적들은 성경에 기록된 예수와 유사하게 보이나 신적, 인적 속성 및 사명과 역할에 있어서도 동일하다고 볼 수 없

꾸란의 예수 증언
마리아와 예수 탄생 이야기(꾸란3:35-51)
동정녀 탄생 예언(꾸란19:16-36)
마리아 품 안의 예수 변론(꾸란19:30-34)
기적을 설명하는 예수(꾸란5: 110)
십자가의 다른 형상 예수(꾸란 4:157-158)
예수 승천, 죽음 그리고 부활(꾸란 3:55)

다. 그러나 이슬람은 꾸란과 성경의 예수가 동일하다고 믿었고, 단지 알라(Allah)에게 부여받은 그의 선지자적 역할이 일반 무슬림들과 다

---

22) Abdurrahman al-Sheha, 꾸란과 하디스에 근거한 이슬람과 에티켓(None), 최영길 역, 서울: 알림, 2015, 31.

름으로 인해 경외심을 드러내고 있다.

이슬람의 예수는 지상에서의 사역을 충실히 이행한 무슬림으로 자신의 소명이 알라(Allah)에게서 왔음을 시인하며 현세의 사명이 끝나고 나면 미래에 도래할 예언자 무함마드의 길을 예비하는 선지자의 역할로 묘사된다. 꾸란은 알라(Allah)와 예수의 대화 내용을 통해 예수 자신의 사역이 이슬람을 세우기 위한 초석임을 증명하고, 그 역할의 핵심에 선지자 무함마드의 출현을 세상에 알리는 것이라고 묘사한다.[23]

꾸란 61장의 내용은 예수 역할의 핵심이 무함마드 자신을 드러냄과 동시에 기독교인들이 예수에 대한 착각으로 스스로가 알라(Allah)의 심판을 받을 대상으로 전락함을 강조하고 있다. 또한 예수가 세례 요한의 사명과 동일하게 언급됨으로 성경의 기록과 근본적인 충돌이 발생한다. 즉 꾸란에는 예수의 역할이 무엇인지 자세히 기록되어 있고, 이것은 예수를 오해하고 있는 성경의 백성들에게 꾸란을 통해 분명히 가르치고 있다는 것이다.

자말 바다위(Jamal Badawi)는 예수의 역할에 대한 이슬람의 입장을 두 가지로 정리하였다. 첫째, 예수의 말씀을 신뢰할 수 있는 것은 그를 보낸 분이 알라(Allah)이기 때문이다. 예수에 대한 존경심을 유지하며 그의 말씀과 표현에 대한 어떤 부정적 의견을 품어서는 안된다는 것이다. 예수는 독립적으로 알라(Allah)의 뜻을 받들어 세상에 보내진 선지자이기 때문에 예수의 주장과 표현은 확실한 자기 표현임과

---

23) 이슬람연구소, 무슬림은 예수를 누구라 하는가, 서울: 예영커뮤니케이션, 1995, 25.

동시에 알라(Allah)의 말씀을 신뢰할 수 있음을 의미한다는 것이다.

둘째, 예수의 사역 범위는 명확하게 이스라엘 자손에 한정되 있다. 그의 사명은 오직 열방이 아니라 자기 백성을 대상으로 알라(Allah)의 뜻을 전파 한다는 것이다. 즉 예수의 가르침과 표현을 통해서 알라(Allah)가 원하는 세상과 불신자들을 향한 뜻이 무엇인지 분명하게 드러났음을 의미한다. [24]

6. 무슬림의 생각

1. 예수는 알라(Allah)의 기적적인 힘으로 마리아의 몸에 잉태되었다.
2. 예수는 예언자에 불과하며 신성이 없다.
3. 예수는 갓난 아이 때부터 자신이 예언자라고 밝혔다.
4. 예수는 무슬림이었고, 유대인에게 초기 형태 이슬람을 가르쳤다.
5. 예수는 다시 이 땅에 와서 결혼도 하고 자녀도 낳을 것이다. 또한 예수에 대한 그리스도인들의 잘못된 생각을 고쳐 줄 것이다. 그리고 죽어서 메디나에 묻혀 마지막 심판 때 다른 모든 사람과 마찬가지로 심판받을 것이다.
6. 예수는 인류를 심판하는 자가 아니다.

---

24) Jamal Badawi, "Prophethood- Jesus in the Quran- Mission", http://jamalbadawi.org/index.php?option=com_content&view=article&id=204:28-prophethood-jesus-in-the-quran-mission&catid=12:2-prophethood&Itemid=12, 2016. 7. 17.

잃어버린 형제 이스마엘

Q & A 더 깊은 관찰

1. 나데르 탈레브자데(Nader Talebzadeh)의 영화 〈메시아(The Messiah)〉를 시청한 후 기독교와 이슬람의 예수에 관한 차이점을 설명해 보자.

 2. 이슬람의 종말 사상은 현대를 살아가는 무슬림들에게 삶의 가치와 방향을 설정하는데 중요한 영향을 갖는다. 무슬림과 기독교인의 종말적 세계관을 비교할 때 가장 큰 차이점은 무엇인가?

3. 이슬람에서 예수는 무슬림이 존경하는 선지자 가운데 한 분으로, 그의 삶은 무함마드와 함께 종말에 이슬람을 대표하는 무슬림으로 표현된다. 예수에 관한 이슬람과 기독교의 관점에서 가장 드러난 특이점은 무엇이라고 생각하는가?

4. 무슬림이 믿고 있는 예수의 역할은 무엇이며, 악한 자는 누구를 지칭하는가?

(꾸란 43:61, 4:159) 실로 예수의 재림은 심판이 다가옴을 예시하는 것이라 그러므로 일러 가로되 그 시각에 대하여 의심치 말고 나를 따르라 이것이 옳은 길이니라 그 성서의 백성 가운데 그가 임종하기 전에 그가 심판의 날 그들을 위한 증인이 됨을 믿지 아니한 자 없으리라

4장

이슬람의 가르침과
종교적 관행

1. 신의 메시지

 이슬람교는 유대교와 기독교의 영향을 많이 받았음을 알 수 있는데, 특히 꾸란을 보면 구약 성경에 나오는 많은 인물들과 사건들이 동일한 듯 보이지만 때로는 매우 다르게 묘사되어 있다. 그 이유 가운데하나는 이슬람 선지자 무함마드가 활동하던 당시의 시대적 상황이주변 사람들로 인해 성경에 대한 이야기를 쉽게 접할 수 있던 환경이었고 특히 대상 무역을 통해 형성된 유대인들과의 관계는 꾸란을 기록하고 이슬람을 형성하는 데 큰 역할을 했다고 볼 수 있다.

 꾸란의 내용을 보면 무함마드는 인질(복음서)을[25] 알라(Allah)의 계시로 인정하며 무슬림들이 따라야 할 내용이라고 강조하였다. 그리고 이것은 이슬람 신앙의 중요한 가치로 형성되어 믿고 순종해야 할말씀이 된 것이다. 그러나 이슬람은 꾸란에 신약과 구약의 많은 내용들이 수용되었음에도 불구하고 기독교의 성경이 인간의 욕심으로 인

---

25) 이슬람은 토라(Torah), 자부르(Zabur), 인질(Injil) 그리고 꾸란(Quran)만이 하나님의
     유일한 말씀이라고 말했다. 그래서 이슬람은 오직 4종류의 책들을 '거룩한 경전'으로서
     인정하며 유대교인들이나 기독교인들을 '그 책의 사람들'이라고 묘사했는데, 지금은 꾸
     란 외에 모두 변질되었다고 믿고 있다.

잃어버린 형제 이스마엘

해 변질되었고, 오직 무함마드를 통해 전승된 꾸란만이 유일한 알라 (Allah)의 말씀이라고 강조한다.

이와 같은 이슬람의 주장은 기독교 성경의 불완전성으로 인해 후대 예언자의 역할이 중요한 것임을 강조하게 되었고, 메카에서 출현한 무함마드의 선지자적 역할이 알라(Allah)의 계획인 것을 강조하는 것이다. 또한 기독교인이 신으로 믿는 예수가 무함마드보다 먼저 세상에 왔지만 그는 무슬림으로 다른 역할을 감당하는 선지자였음을 주장한다.

> **하디스(Hadith)**
>
> 무함마드가 말하고, 생각하고, 행동한 내용을 기록한 책이다. 하디스는 꾸란, 이즈마(공동체 견해), 끼야쓰(합리적 유추)와 함께 샤리아(이슬람법)의 4대 원천을 이루며 그 중 꾸란 다음으로 가장 중요한 자료이다. 이슬람 근본주의자는 꾸란 대신 하디스에 대한 의존도가 높다.

무슬림에게 있어 알라(Allah)의 가르침은 이웃과 주변 부족을 향한 행위와 말씀을 통한 순종으로 이 땅에 살아 있는 동안 실천해야 하는 중요한 의무 사항으로 인정한다. 특히 무슬림에게 있어 알라(Allah)를 향한 기도는 자신의 신앙을 표현하는 적극적인 방법으로 다른 무엇보다 소중한 믿음의 표현이라고 가르친다. 따라서 무슬림들은 선지자 무함마드로부터 전승된 하루 5번 메카를 향해 기도하는 것과 일생에 한번 메카를 방문하는 것이 천국에 입성하기 위한 중요한 구원의 행위로 믿고 있다.

이슬람교는 꾸란과 하디스의 가르침을 중심으로 6신과 5행(六信五行)의 의무를 실천하고 있다. 여기서 6신은 무슬림으로 신앙 생활의 가장 근본적인 핵심으로, '알라(Allah), 천사, 꾸란, 예언자(무함마드), 내세, 예정'을 말한다. 즉 무슬림들은 이생의 삶이 천국까지 연결되기 위하여 종말의 시간이 다가오기 전 예언자의 가르침에 따라 6신과 5행을 실천하며 결점 없는 시간을 보내야 한다고 믿고 있다.

따라서 이슬람은 무함마드를 통하여 세상에 전해진 경전 꾸란이 불완전한 것이 아님을 강조하고, 또한 그의 삶이 보여 준 완벽한 행동과 그것을 기록한 책 하디스(Hadith)가 세상 모든 사람의 인생에서 핵심이 되어야 한다고 가르친다.

2. 계시와 실천

무슬림들은 선지자 무함마드의 행적이 기록된 책 하디스를 이슬람 신앙의 표준인 꾸란과 대등한 위치에 놓고 항상 읽고 순종하는 소중한 경전으로 인정한다. 이슬람은 근본적으로 꾸란 외에 다른 것에 존경의 의미를 두고 있지 않지만, 유일하게 하디스는 무함마드와 연결되었기에 율법과 같은 높은 가치를 부여하고 있는 것이다.

무슬림은 꾸란이 선지자 무함마드가 천사 가브리엘을 통해 직접 전해 들은 알라(Allah)의 율법이고 그 내용에는 아무런 오류가 없다고 생각한다. 또한 무함마드가 제자들에게 가르친 내용을 담은

천사와 무함마드

하디스를 전승록으로 이해하는 무슬림들도 있지만, 다수는 그들의 삶에 영향을 줄 수 있는 경전과 같은 의미로 해석하며 꾸란과 동등한 가치로 인정하고 살아가는 이들이 대부분이다.

그러나 시대가 지나면서 비평적 사고를 소유한 일부 현대 무슬림들은 하디스에 대한 다른 관점을 갖기 시작했다. 즉 꾸란은 알라(Allah)가 천사를 통해 선지자 무함마드에게 계시된 유일한 말씀으로 인정하지만, 하디스는 다양한 무슬림 분파들이 정치적 이슈에 따라 자신들에게 유리하게 해석한 것도 있다고 생각하는 것이다. 따라서 하디스의 모든 내용들을 삶의 규범으로 적용하여 실천하는 것은 현대 시대에 무리가 있다는 것이다.

그럼에도 무슬림들이 하디스를 신뢰하는 이유는 그 근거가 꾸란에 있고, 천사로부터 하늘의 계시를 받은 선지자 무함마드의 행위 자체가 거룩하다고 믿기 때문이다.

초기 하디스는 소수의 기록자들로 인해 분량이 많지 않았다. 그러나 시간이 지날수록 하디스의 내용들이 풍성해졌고 무함마드의 삶을 이야기한 다양한 종류의 하디스가 등장하였다. 그 이유 가운데 하나는 이슬람 종교 학자들과 꾸란 연구가들이 기존에 존재했던 하디스를 인용하며 해석하여 그 내용들이 지속적으로 추가되었다고 보기 때문이다.

또한 무슬림에게 중요한 것은 이슬람 법인 샤리아(Sharia)의 위치다. 이슬람은 모든 무슬림 형제들이 자신이 속한 국가의 법을 온전한 규칙으로 따르기보다는 오직 꾸란을 중심으로 만들어진 이슬람 법 샤리아를 통해 그 사회와 개인의 삶에 규범이 되길 바라고 있는 것이다. 그러나 현대에 살아가는 일부 이슬람 국가들과 무슬림들은 샤리아 법이 꾸란과 하디스에 근거한다 할지라도 그 내용을 문자 그대로 해석하며 무슬림들과 사회의 규율로 적용하는 것은 문제가 있다고 인식한다.

현재 일부 동남 아시아 국가와, 아프리카, 아랍의 이슬람 국가들 가운데 샤리아를 사회 법으로 인정하는 곳들도 많이 있다. 그러나 샤리아 법이 국가 법으로 국민들에게 적용되었을 때, 오히려 사람들은 정치인들이 자신의 야망을 이루기 위해 신적 권위를 앞세워 인권을 유린하는 것으로 생각하며 이것을 사회적으로 거부하는 곳들도 있다.[26]

3. 율법과 종교

그러나 현대 사회가 빠른 속도로 변한다 해도 여전히 많은 이슬람 국가들은 꾸란과 샤리아를 최고의 법으로 인정하며 무슬림 사회에 적용하는 곳들이 상당수 존재한다. 이들은 자신들의 종교가 이슬람인 것을 강조하며 오직 샤리아가 최고의 법인 것을 주장한다. 이런 국가들은 무슬림 개인의 인권보다는 꾸란과 샤리아 법에 근거한 행동

---

26) 이슬람의 여러 국가들은 간통과 절도에 대한 형벌로 사형과 신체 절단, 태형 제도 등을 공개적으로 집행하고 있다.

으로 대량 학살을 일으키고, 우상숭배 모습이 있다고 판단되는 고대 사원들과 역사적 유물들도 가차 없이 파괴한다.

얼마 전 뉴스에는 이슬람 무장단체 IS (Islam State)가 세계적으로 보존가치가 있는 문화유산들을 아무런 거리낌 없이 파괴하고 그 자리에서 이슬람의 가치를 공표하는 모습이 방송되기도 하였다.

이슬람 단체 IS

또한 국제 사회의 반감에도 불구하고 극단주의 무슬림들은 율법을 거부하는 사람들을 향한 잔혹한 형벌의 모습들을 촬영하여 방송하였고 여성들을 향한 비인도적, 비윤리적 행동들을 실천함으로 세계를 놀라게 하였다.

그렇다면 이와 같은 현대 이슬람의 극단주의와 근본주의는 어디에서 온 것일까? 탈레반과 IS 같은 근본주의 이슬람을 따르는 무슬림들의 근거는 사우디아라비아 이슬람 종교의 정신인 '와하비즘(Wahha-bism)'에 근거한다고 할 수 있고, 이 정신은 꾸란과 하디스의 율법을 중요시하고 그것을 중심으로 국가와 사회가 운영되고 있다.

사우디아라비아의 와하비즘을 연구하는 고위 학자들은 파트와 (Fatwa)[27]를 발표하면서 "무슬림에게 꾸란의 언어인 아랍어 외에 다른 언어는 적합하지 않다"라고 주장하기도 하였다. 이것은 세계가 정

---

27) 파트와는 꾸란을 연구하는 학자들이, 어떤 사안이 이슬람법에 저촉되는지를 해석하는 권위 있는 이슬람 판결, 즉 종교적 유권 해석에 의한 법령으로 이해할 수 있다.

치와 문화, 경제로 연결되었다 할지라도 무슬림의 근거는 꾸란이고, 그 언어가 아랍어임을 강조하는 것, 바로 와하비즘의 기초를 말하는 것이다.

일부 지역에서는 이 주장을 근거로, "아랍어 외의 언어를 말하는 것은 위선이다"라는 하디스의 내용을 바탕으로 영어교육을 금지시켰다. 만일 아이들에게 어렸을 때부터 영어를 가르치면 그 언어에 대한 관심을 갖게 되고, 자녀들이 성년이 되면 영어권 사람들에 대한 호감을 갖게 된다는 것이다. 그리고 궁극적으로 언어 교육이 무슬림이 아닌 불신자들에 대한 호감으로 이어지게 되므로 이슬람에서 영어 교육을 금지해야 한다고 주장하는 것이다.

그러나 이것은 단순히 언어를 말하는 것이 아니다. 무슬림들이 꾸란에 순종하지 않고 세상의 조류에 편승하면 알라(Allah)의 심판 날에 처벌을 받게 되어 천국에 갈 수 없다는 것을 말하는 것이다.

4. 꾸란의 권위

이슬람 학자들이 꾸란을 알라(Allah)로부터 내려온 하늘의 책이라 부르며 모든 무슬림들이 암송하고 순종해야 할 유일한 경전으로 인정하는 근거는 다음과 같다.

첫째, 꾸란은 사람의 말이 아닌 알라(Allah)의 음성 그대로 받아 적은 것이다. 또한 꾸란의 원본은 하늘에 있기에 지금까지 변형 없이 유

지되었다. (꾸란 13:39)

이슬람 경전 꾸란

둘째, 꾸란은 무함마드가 받았으나 천사로부터 하늘의 명을 받아 전달되었기에 아무런 오류가 없는 완전한 책이다. (꾸란 18:1)

셋째, 꾸란은 알라(Allah)께서 순전한 목적으로 그 경전을 선지자에게 내리셨고 보호하시기 때문에 세상이 다양한 모습으로 변한다 해도 변질 없이 후세에 전승될 것이다. (꾸란 15:9)

이슬람의 꾸란에 대한 믿음은 무슬림에게 절대적 권위를 가지고 삶과 종교에 영향을 미치며 타 종교에 대한 배타성을 유지하고 있다. 꾸란은 아무런 오류도 없고 완전하며, 오직 알라(Allah)로부터 천사를 통해 직접 전달된 메시지이므로 어떤 비평 신학도 용납될 수 없는 절대적 권위가 있다. 만일 이슬람 학자가 비평적 시각으로 꾸란의 오류를 지적한다면 이는 신적 권위에 도전하는 불경스러운 행위로 간주되고 무슬림으로서 정체성을 잃게 될 것이다. 따라서 무슬림들이 말하는 꾸란은 이슬람 세계에서 단순한 책이 아니라 소중하게 다루어야 할 알라(Allah)의 말씀이고 함부로 대할 수 없는 경건한 대상이다. 그리고 비무슬림들이 꾸란을 비판하거나 모욕한다면, 이것은 자유국가에서 흔히 일어나는 종교에 대한 표현이 아니라 모든 이슬람 세계를 향한 도전으로 간주될 수 있음을 반드시 알아야 한다.

5. 율법 샤리아

이슬람에서 제일 중요한 경전은 알라(Allah)의 말씀이 기록된 꾸란(Quran)이며, 다음은 무함마드의 삶과 행적을 기록한 하디스(Hadith)이다. 이슬람은 국가의 헌법과 사회법을 사람들이 생각하고 연구하여 만든 세상 법으로 간주하기 때문에 이 불완전한 법을 따르는 것에 완전히 동의하지 않는다. 많은 무슬림들은 완전한 알라(Allah)의 계시로 천사를 통하여 무함마드에게 전해진 꾸란과 이를 근거로 만들어진 샤리아 법이 세상의 기준이 되어야 한다고 믿는다.

이슬람은 국가와 사회에 발생하는 문제에 대한 근거를 꾸란을 통해 얻으려 하고, 만일 꾸란을 통해 해결점을 발견하지 못하면 선지자의 가르침인 하디스를 통해 답을 찾으려 한다. 무슬림들은 꾸란 안에 세상의 모든 원리가 존재하기 때문에 사회법이 아니라 이슬람의 율법인 샤리아가 세상 법의 기준이 되어야 한다고 믿고 있다.

6. 절대 믿음과 순종

꾸란과 하디스가 무슬림에게 절대적 권위가 있음에도 세월이 흐르고 각 환경이 변하면서 경전을 보는 관점에 따라 개인적 견해차가 나타나기 시작했다. 이슬람은 이런 문제를 제거하고 신앙의 통일을 위해 '이즈마(Ijma)'를 만들었다. 즉 이즈마는 하디스가 꾸란을 보완하고 종합한 것처럼, 다시 하디스를 보완하고 최종적으로 무슬림이 따라야 할 신앙의 규범을 종합한 것으로 다음과 같다.

첫째, 알라(Allah)는 한 분이시고 자녀가 없으시다. 꾸란 112장에는 "영원하신 알라(Allah), 그는 오직 한 분이시다. 그는 낳음을 당한 적도 없고, 태어나지도 않았고, 그를 낳은 자도 없느니라".

둘째, 무함마드에게 알라(Allah)의 거룩한 말씀을 전달한 존재는 천사였다. 사실 초기 꾸란에서는 무함마드가 영적 체험을 통해 말씀을 받았다고 기록하였을 뿐, 가브리엘에 관한 직접적인 언급은 없다.

셋째, 꾸란은 알라(Allah)의 말씀이다. 알라(Allah)는 인류에게 모세오경, 시편, 그리고 복음서도 주셨지만 세월이 지나며 기독교가 성경의 내용을 변질시켰고, 알라(Allah)는 천사를 통해 선지자 무함마드에게 새로운 말씀을 보내 주셨다. 따라서 현재까지 유일하게 존재하는 하늘의 원본은 꾸란이다.

무함마드의 행적 모음집 하디스

넷째, 무함마드는 인류의 마지막 사도이다. 무슬림들은 꾸란에 나오는 예언자 25명의 존재를 믿지만 이 가운데 무함마드가 알라(Allah)의 메신저로 최후의 사도이며, 최고의 예언자임을 믿는다.

다섯째, 최후의 심판과 종말이다. 사람들은 이슬람이 말하는 행위를 통해 나타나는 심판의 결과를 최후의 날에 받아들여야 한다고 믿는다. 그리고 오직 선행을 통해 천국이 예비됨을 인정한다.

여섯째, 인간의 운명은 알라(Allah)에 의해 결정된다고 믿는다. 인간의 행위와 운명은 알라(Allah)가 결정하며 인간은 단지 상황과 환경 속에서 알라(Allah)가 기뻐할 일을 생각하며 행동하는 것이 천국과 직접 연결된다는 운명론을 받아들인다.

이외에도 무슬림들은 중요한 다섯 가지의 실천 항목들을 규정한다.

첫째, 신을 향한 신앙고백(샤하다)으로 '알라(Allah)외 신은 없고, 무함마드는 알라(Allah)의 사도이다'임을 항상 묵상한다.

둘째, 기도(살라트)를 통해 정결한 맘으로 알라(Allah)를 묵상하고, 하루 다섯 번 정해진 시간에 메카를 향한 기도와 매주 금요일 전체 예배에 참여해야 한다.

셋째, 자기 소유 일부를 다른 사람과 공유하는 헌금 즉 자선(자카트)이다. 무슬림들은 절기와 명절 때 신앙의 표현으로 이웃 섬김을 삶으로 표현한다.

넷째, 금식(사움)이다. 매해 30일 동안 금식[28]을 하며 금욕과 절제

---

28) 라마단(Ramadan)으로 해 뜰 때부터 해 질 때까지 식음을 절제하고 자신을 억제하여 기

의 삶을 통해 자신의 모습을 정결케 하고 알라(Allah) 앞에 나가는 기도 시간을 말한다.

다섯째, 천국에 들어가기 위한 성지순례(하지)이다. 무슬림들은 선지자의 행적을 따라가는 성지순례가 천국에 가기 위한 중요한 방법임을 믿는다.

그 외 일부 교파는 여섯째로 지하드를 인정한다. 이는 '고군, 분투'라는 뜻으로, 자신을 세속적 가치로부터 분리하고, 알라(Allah)의 뜻에 따라 자신을 규제하며 사는 것을 의미하는데 이것은 신앙의 형태에 따라 다양한 모습으로 나타난다.

7. 신의 음성과 기록

무슬림들은 하디스가 알라(Allah)의 음성이 아닌 선지자 무함마드의 언행이 기록된 책인 것을 인정하지만, 대부분의 이슬람 사회는 하디스를 꾸란과 대등한 위치에 놓고 사회의 규범으로 정해 놓고 지키는 곳이 많다. 이유는 선지자 무함마드가 온전히 알라(Allah)의 명령에 따라 선과 악에 대하여 바르게 실천했다고 믿기 때문이다.

무슬림은 꾸란이 선지자 무함마드가 천사 가브리엘을 통해 직접 전해 들은 알라(Allah)의 말씀을 암송하여 제자들에게 전수한 거룩한 책이라고 믿는다. 또한 하디스는 무함마드가 제자들에게 가르친 언

─────────

도하며 생활하는 것을 뜻한다.

행에 대한 규칙을 담은 전승록으로 이해하는 무슬림들도 있지만, 다수의 무슬림들은 꾸란과 같이 그들의 삶에 영향을 줄 수 있는 경전으로 받아들이고 있다.

하디스는 이슬람 사회에서 매우 중요한 삶의 기준으로 이슬람과 무슬림을 이해하기 위해 반드시 연구되어야 할 문서다. 하디스는 꾸란과 더불어 이슬람 세계의 핵심 가치로서 전 세계 무슬림 세계관의 중심에서 지금도 영향을 미치고 있다.

특히 극단주의 무슬림은 자신들이 인정하지 못하는 사회를 비판하며 하디스의 구절을 실천하기 위해 테러를 일으키는 경우도 있다. 대부분의 무슬림들은 꾸란과 하디스를 온건한 방식으로 삶에 적용하고 실천하지만, 일부 원리주의를 추구하는 무슬림들은 무함마드의 언행록을 경전으로 인정하여 절대적 가치를 부여하고 이 말씀을 중심으로 세상을 다스리고 잘못된 것은 고쳐야 한다고 생각한다.

8. 이슬람의 관행

이슬람은 무슬림이 지켜야 할 관습과 규정이 많이 있는 종교다. 이슬람 관행은 무슬림들의 생활을 위한 가이드라인을 제공하고, 신앙 생활을 위한 영성교육, 기도, 금식, 선행, 제사, 기부, 결혼 등의 세

라마단 금식 포스터

부적인 사항도 포함시킨다. 특히 이슬람은 교리와 관행이 모든 영역에 걸쳐 적용되어야 한다는 것을 중요시하므로, 종교뿐만 아니라 정치, 교육, 사회, 문화의 영역까지 영향을 미치고 있다.

특별히 해마다 진행되는 한 달간의 금식기도는 이슬람 교리에서 가장 중요한 관행 중 하나이다. 이슬람 달력의 마지막 달인 라마단 기도 시간에 무슬림들은 해가 뜰 때부터 지기 전까지 금식을 해야 한다. 한 달간의 금식은 육체적으로 힘든 시간이지만, 라마단 30일 기도 시간 이후에 진행되는 축제는 가족 공동체가 어려운 기간을 함께 지냈다는 의미로 전 세계 모든 무슬림이 축하하는 큰 행사이다. 그 외에도 이슬람의 일반적 관행들은 종교적 절제, 긍정적인 행동, 진리 선포에 대한 적극적인 실천, 이웃을 향한 친절하고 공정한 관계 구축, 지속 가능한 신앙 생활 유지하는 것 등으로 위와 같은 내용에 큰 의미를 부여한다.

9. 이슬람의 변화

유럽과 아시아로 진출하며 이슬람을 확장했던 오스만 제국은 1700년대 이후 세력이 약화되며 위기감이 만연하였다. 그 당시 유럽의 기독교는 잃었던 땅을 회복하기 위하여 세력을 확장시켰고, 승승장구하던 오스만 제국은 자신들이 점령했던 발칸반도, 북아프리카, 중앙아시아, 인도 등 중요한 지역에서 전쟁에 패배하는 어려움을 겪었다.

그러자 이슬람 지도자들 사이에는 새로운 반성이 일어났고, 일부 강경파 무슬림 세력들은 알라(Allah)의 말씀과 무함마드의 행실을 따르지 않아 지금의 현실을 경험한다고 주장했다. 그리고 현세의 어려움을 극복하고 이슬람이 부흥하려면 새로운 변혁이 필요함을 역설하였는데 이것이 '와하브 운동'의 시작인 것이다. 이 운동은 지금까지 이슬람 사회에 있었던 세속적인 비이슬람적 풍습들을 모두 제거하고, 알라(Allah)의 말씀인 꾸란과 선지자의 가르침을 중심으로 재편성하는 것, 또한 삶에 필요한 일체의 해석을 꾸란에 기초한다는 기본 원칙을 강조함으로 새롭게 신앙의 뿌리를 내리고 이슬람 연합의 결집력을 확보하는 것이었다.

> **와하브(Wahhab) 운동**
>
> 이슬람 원리주의를 이어받은 보수주의 운동으로 18세기 이슬람 사회의 병폐를 직접 경험한 사우디아라비아의 압둘 와하브(Muhammad Abdul Wahab)가 1745년 시작하면서 유래하였다.

즉 이슬람 세력이 서구 사회의 영향을 받으면서 점점 약화되고 사람들이 종교를 떠나가는 주원인은 무슬림들이 전통 이슬람의 핵심가치에서 벗어났기 때문이며, 이를 바로잡기 위해서는 이슬람교의 근본 교리와 경전인 꾸란으로 돌아가야 한다고 주장하는 것이다.

와하브 운동은 신성과 이슬람의 다른 종파 수피즘[29]을 강하게 배격하고, 꾸란을 문자 그대로 해석하는 것이다. 또한 성물과 성도 숭배를

---

29) 다른 이슬람교 수니파와는 다르게 전통적인 교리 학습이나 샤리아 율법을 준수하는 것이 아니라 내가 처한 현실 속에서 신과 합일되는 것을 최상의 가치로 여긴다. 즉 수피즘의 유일한 목적은 신과 하나가 되기 위해 춤과 노래로 의식을 행하며 신과 교류하는 것이다.

잃어버린 형제 이스마엘

인정하지 않고, 비이슬람적인 음주, 춤, 흡연, 마약 및 화려한 치장 등을 철저히 배격하는 이슬람 복고주의 운동이자 이슬람 부흥 운동이라 표현할 수 있다.

10. 급진 이슬람

와하브 운동을 기반으로 나타난 이슬람 원리주의 신앙의 사회적 특징과 모습은 다음과 같다.

첫째, 무슬림의 신앙과 사회질서에 도전하는 서구 제국과 서구 문명에 대응해야 함을 강조하는 이슬람 세계관의 변화이다.

둘째, 이슬람은 꾸란을 통해 형성된 신학, 법 및 사회 참여 정신으로 돌아가고 전 세계 무슬림들은 하나가 되어야 함을 강조한다.

셋째, 이슬람은 알라(Allah)에 대한 절대 신앙이 유일하다는 종교적 순수성과 함께 정치와 사회의 흐름을 결정해야 한다.

넷째, 서구의 지적 식민지 현상을 극복하기 위한 탈서구화, 탈세속화 운동을 강화하고 꾸란을 중심으로 연구와 개발이 진행되어야 한다.

다섯째, 이슬람의 핵심 가치에 반하는 자본주의와 사회주의를 모두 서구적 개념으로 이해하며 배격한다. 이슬람은 원리주의 운동을 통한 정교 일치의 신정 세계를 통한 이슬람 공동체 건설을 목표로 해야 한다.

여섯째, 이슬람의 순수성을 보존하고 가르침을 실천하는 것이 서구 세계를 향한 시대적, 역사적 사명 의식임을 강조하고 현대 세속주의 시대에 반응하는 유일한 해답임을 가르쳐야 한다.

위의 내용처럼 와하브 운동에 영향을 받은 급진 또는 원리주의 이슬람에 속한 무슬림들은 자신들이 인류 공동체의 운명을 좌우하며 역사적 사명을 감당하는 신의 대리인으로 스스로 인식하고 있다.

Q & A 더 깊은 분석

1. 이슬람 경전 꾸란과 선지자 무함마드의 행적을 기록한 하디
스는 무슬림에게 있어 어떤 영향력을 갖고 있는가? 이슬람은 무
슬림들이 꾸란과 하디스에 대한 현대적 해석과 적용을 허용하는
것에 두려움을 느끼는 이유는 무엇일까?

 2. 세계의 다양한 환경 속에 살아가는 무슬림들은 자신들의 종교
적 관행을 표현하고 실천하는 것에 당당한 편이다. 그 이유가 무
엇일까? 우리 사회 속에 무슬림들이 유입되기 시작했다면, 주민
들은 어떤 자세로 그들을 이해하고 포용할 수 있는가? 그 방법이
있다면 무엇일까?

3. 원리주의 또는 급진주의 이슬람을 추구하는 무슬림들과 사회
에 적응하며 공동체 일원으로 살아가는 평범한 무슬림들의 차이
점은 무엇인가? 미디어에 자주 방송되는 극단주의 무슬림은 무
엇이 다르다고 생각하는가? 또한 타 종교와 이슬람의 가장 큰 차
이점은 무엇이라고 생각하는가?

4. 꾸란 9장에 나온 '이성 있는 백성'의 가치와 기준은 무엇인가?

(꾸란 9:11) 그러나 그들이 회개하고 예배를 드리며 이슬람세를 바칠 때 그들은 곧
믿음의 너희 형제들이라 그리하여 하나님은 이성이 있는 백성들을 위해 말씀의 예
증을 설명함이라

5장

이슬람의 신앙과
영적 세계

1. 이슬람 이전 영의 세계

선지자 무함마드가 이슬람을 만들기 이전의 고대 아라비아반도 시대를 자힐리아(Jahiliyya)로 부른다. 이 단어는 이슬람의 경전 꾸란에도 여러 번 표현되어 있다.

이슬람은 무함마드 출현 이전의 고대 아라비아반도가 자연으로부터 시작된 신의 개념은 가지고 있었으나 천사를 통해 직접 계시된 알라(Allah)의 음성을 듣지 못했다고 생각한다. 그 시대는 신의 영감을 소유한 지도자도 없었고, 단지 자신의 환경에서 영감을 얻어 사물을 신격화했던 영적 무지의 시대 즉 야만적인 시대라는 의미로 무슬림들은 고대 아랍세계를 자힐리아(Jahiliyya)로 이해한다.

고대 아라비아반도 시대는 사람들이 무역을 통해 부를 축적 하였고, 부족 간의 수많은 전쟁들이 있었던 시절이다. 따라서 그 시대에 가장 중요한 요소 가운데 하나는 남성이다. 즉 가정에 남자들이 몇 명이 있느냐에 따라 그 집안에 힘과 권위가 있다고 사람들은 인식하였다. 기록에 보면 딸들이 태어나는 것은 가정에 도움이 안 된다 하여 다른 곳에 매장했다는 내용이 들어 있는 고대 자료들도 있다.

잃어버린 형제 이스마엘

초기의 아라비아반도에 살았던 사람들은 무역과 목축을 주로 했기 때문에, 이동에 필요한 별이 삶의 중요한 중심에 자리하고 있었다. 또한 바위나 샘물, 나무, 돌에도 자신들에게 영향을 줄 수 있는 신령한 기운이 있다고 믿어 왔다. 그 가운데 하나가 이슬람에서 신성하게 여기는 검은 돌로 현재 메카의 카바신전 내부에 놓여져 성지순례의 중심에 놓여 있는 것이다.

이처럼 자힐리아 시대는 우상숭배가 매우 만연되어 있었고 부족 간의 갈등도 매우 심했다. 이들은 서로의 이익을 위해 복수가 성행하였고 야만적인 풍습과 관습이 유행했던 시기였다. 현재 아라비

성지순례와 카바신전

아반도에 존재하는 설화와 격언 등 구전 문학 형태를 보면 사람들이 자연을 숭배하며 생활하는 모습도 자주 등장한다.

이슬람 학자들은 서기 6세기까지 진흙과 돌로 만들어진 작은 신전이 아라비아 종교 생활의 중심지였다고 말한다. 초기 아라비아반도의 부족들은 각 부족의 상황과 환경에 따라 자신들의 수호신을 만들어 숭배하였고, 이 기간 동안 신의 특성에 따라 도덕적 타락이 발생하였고, 부족들 간에 종교적 세력 다툼이 만연하였다고 기록한다.

또 다른 특징 가운데 하나로 고대 아랍세계부터 전승된 여성에 대한 남성의 권위가 현시대까지 그대로 적용되는 곳이 많다는 것이다. 즉 현대 이슬람 사회는 여성과 남성들의 지위가 고대와 같지 않고 모

두 평등하다 말하지만, 현대 무슬림들의 삶에서 여성과 남성에 대한 차이로 인해 피해를 당하는 여성들이 많고 이것은 꾸란을 통해 증명된다는 것이다.

이슬람의 꾸란과 하디스에 있는 내용을 보면 주로 남성 위주의 계시들이 많이 기록되어 있다. 그러나 무슬림과 대화하다 보면 이들은 여성들을 무시하거나 배척하는 것이 아니라고 말한다. 또한 무슬림 여성들 역시 차별당한다는 느낌을 갖지 못한다고 표현하는 사람들이 많다. 그러나 이슬람 종교 역사와 문화에 나타나는 남성은 여성보다 우월하게 평가되어 있다. 그리고 무슬림 여성 인권문제가 현시대에도 다양한 매체를 통해 보도되는 것을 자주 경험하게 된다. 학자들은 이슬람에서 여성에 대한 이슈들이 현재까지 지속되는 것은 고대 자힐리아 시대의 관습과 전통이 이슬람의 문화로 전해져 현대까지 무슬림들 속에 남아 있다고 보는 것이다.

2. 아라비아 종교 생활

무슬림들은 이슬람 이전 시대가 자연과 사물을 우상으로 숭배하며 예배했던 시대라고 말한다. 이때는 도덕적 타락과 종교적 세력 다툼이 만연하였고 이스마엘의 후손들이 유일신 개념과 사상이

이슬람과 유대의 하나님

잃어버린 형제 이스마엘

없어 아라비아반도가 우상숭배의 어둠의 빠졌던 시기로 이해한다. 6세기 이슬람 종교 발생 이전 사람들은 지역과 부족에 따라 자신들의 수호신을 만들어 사우디아라비아의 메카에 있는 카바신전에 부족신 360여 개를 만들어 경배하며 종교생활을 지속하였다.

그러나 570년 메카에서 출생한 무함마드의 출현은 부족신을 숭배하며 생활했던 사람들에게 갈등과 전쟁을 통해 새로운 유일신 개념을 알렸고, 권력을 잡은 선지자 무함마드의 가르침과 삶의 모습은 아라비아반도에서 그를 따르는 수많은 사람들에게 절대적인 도덕 규범으로 자리 잡게 되었다.

6세기 이전부터 아라비아반도에 있었던 기독교는 우상숭배를 했던 아랍인들에게 결코 이단으로 비춰지지 않았다. 왜냐하면, 아랍인의 우상숭배가 전혀 다른 종교적 이념도 쉽게 받아들일 수 있는 다신교의 모습을 가지고 있었기 때문이다.

그 당시 아라비아반도 거주민들이 유대교를 바라볼 때 기독교는 단지 모양만 다를 뿐 똑같은 신을 섬기는 부족이라고 그들은 생각을 하고 있었다. 따라서 초기 아랍인들은 아라비아반도에 있었던 조로아스터교, 기독교, 유대교가 같은 신을 경배하고 서로 차이가 없는 종교로 인지하며 받아들일 수밖에 없었던 것이다.

3. 신앙의 형성

무함마드와 함께 메디나로 이주해 간 추종자들(Muhajirun)은 자신의 고향 메카에서 자기가 속한 부족과 주변 부족들로부터 유일신을 이야기한다는 이유로 핍박당하며 쫓겨났으나 유대교적 유일신 신앙에 투철한 자들이었다. 그들이 종교적 박해를 피해 낯선 메디나로 이주하였을 때, 이들은 그곳에 이미 정착하여 살고 있던 유대인들의 따뜻한 환대를 받으며 생활하게 된다.

그리고 무함마드는 무슬림들에게 그들이 속했던 부족을 넘어 한마음으로 살아가는 이슬람 형제애(Ummah)를 강조하게 된다. 그러나 서로 다른 지역 출신의 사람들로 협력하며 사는 것은 쉽지 않았고, 그들 사이에 알력이 생기며 갈등이 싹트기 시작한다.

즉 메카 출신의 추종자들과 메디나 출신의 추종자들 사이에 미묘한 갈등이 시작된 것이다. 메카 출신의 이주자들은 자신들이 더 무함마드와 함께 이주하였기에 신앙이 더 투철한 그룹으로 인식하였고, 메디나 출신 추종자들은 떠도는 그들을 받아들인 자신들의 신앙과 헌신이 더 크다고 생각했던 것이다. 뿐만 아니라 무함마드의 추종자들과 당시 메디나에 살고 있던 유대인들 사이의 갈등은 심각한 지경에 이르게 되었다.

무함마드는 유대교를 유일신을 신봉하는 형제의 종교로 인식하고 있었지만, 유대교인들은 무함마드의 종교를 이단시했다. 무함마드는 자신들의 세력을 믿고 유대인들로부터 지원을 기대했으나 유대인들은 낯선 그들을 외면하여 돕지 않았다. 결국 무함마드와 유대교는 결별하게 되어 서로를 비방하는 원수가 되는데, 꾸란의 내용을 보면 유대인을 향하여 호의적이었던 알라(Allah)의 계시가 갑자기 바뀌는 것을 발견할 수 있다.

그리고 중요한 변화 가운데 하나는 이슬람에게 역사성과 정통성을 부여했던 예루살렘 사원을 향한 기도 방향(Qiblah)이 유대교와 결별 이후 메카로 변경되면서 이제 자신의 동족들을 향한 독자적인 알라(Allah)의 메시지를 선포하며 이슬람만의 종교 그룹을 형성하게 된다.

기도 방향을 보여 주는 키블라 앱

메카에서 메디나로 이전하며 세력을 확장한 무함마드는 수많은 전투와 대상무역을 통해 지역을 확장하며 이슬람을 새롭고 유일한 종교로 선포한다. 그 가운데 A.D 624년 있었던 바드르 전투는 이슬람이 독자적으로 성장하게되는 결정적인 역할을 하게 된다. 바드르 전투가 있기 전 이슬람 추종자들에게는 내부적 분란과 더불어 심각한 외부적 위협이 있었다. 그러나 바드르 전투에서의 대승리는 내부적 결속과 함께 외부에 자기 세력을 과시할 수 있는 좋은 동기를 부여했다. 그리고 바드르 전투에서 얻은 가장 큰 성과는 전쟁의 승리가 자신들의 노력이 아니고 알라(Allah)의 은총으로 승리했다는 것을 선포한 것이다.

메디나의 무함마드를 중심으로 형성된 무슬림 집단이 당시 최강의 세력 집단인 메카의 쿠라이쉬족에 대항하여 승리했다는 것은 기적과 같은 일이었다. 그러므로 무함마드는 그 전투에서의 승리할 수 있었던 원인을 알라(Allah)의 은총으로 돌렸으며, 알라(Allah)의 살아계심을 입증했던 전쟁으로 설명하여 교육했던 것이다.

또한 주변의 외부 세력에게도 유일신 알라(Allah)의 은총이 이슬람에게 임하였고, 거대 세력인 꾸라이쉬 부족을 향해 전쟁에서 승리할 수 있었음을 선전했다. 이는 나중에 아라비아반도가 단시간에 이슬람화되는 데 결정적인 역할을 하게 된다.

무함마드의 군대는 적에게 승리했을 때 그것을 알라(Allah)의 은총으로 받아들였고, 패배했을 때도 알라(Allah)의 섭리로 받아들이며 신앙을 근거한 전쟁의 승패가 알라(Allah)에게 있음을 강조했던 것이다. 그리고 무함마드와 함께 신앙으로 무장된 무슬림의 전쟁들은 이슬람이 뿌리 내리도록 하는 데 결정적인 역할을 하게 된다.

4. 신의 세계

이슬람의 알라(Allah)는 피조 세계와 완전히 구분되어 하늘에 있는 유일신이다. 알라(Allah)는 결코 인간 세계 가운데 거하지 않으며 세상 안에 존재하지 않는다. 그는 여전히 인간 세계와는 거리가 먼 곳에 따로 존재하고 있는 것이다. 이는 기독교의 하나님이 인간 가운데 거

잃어버린 형제 이스마엘

하는 존재라는 사실 또는 성육신하여 이 땅에 내려왔다는 성경적 사실과는 매우 큰 차이가 있다.

이슬람에서는 신이 칠층천의 하늘을 창조했으며 그 아래 지구를 두어 인간을 비롯한 피조물들이 살도록 설계했다고 말한다. 이는 당시 아랍 지역에 편만하던 천신 숭배 사상 및 점성술과 연관되며 이슬람의 선지자가 유대인에게 들었던 성경의 삼층천 개념[30]에서 가져온 것으로 이해된다.

이슬람의 알라(Allah)는 6일 동안 천지를 창조했다고 가르친다. 이는 유대교와 기독교에서 가르치고 있는 것과 동일한 성경 내용이다. 그러나 유대교와 기독교에서는 하나님이 6일 동안 순서에 따라 천지를 창조하시고 난 후 제7일에 안식하신다. 그러나 이슬람의 알라(Allah)는 천지를 6일 동안 창조했다고 묘사하였으나 첫째 날부터 다섯째 날까지의 내용은 없다. 그냥 단순히 창조했다는 이야기만 나온다. 무엇을 어떤 순서로 만들었는지 알라(Allah)의 인류 창조 계획이 꾸란에는 보이지 않는다.

이슬람은 금요일을 매우 특별한 날로 규정하며 함께 모여 알라(Allah)를 향하여 예배하고 교제하는 날로 정하였다. 이것은 기독교의 안식 개념을 가져와 이슬람 식으로 변형된 것으로 이해된다. 금요일이 특별한 것은 성경이 말하는 안식일 의미보다 선지자 무함마드의 지시로 정해진 날이 무슬림의 규례가 되었고 예배하는 날이 되었다.

---

30)   (고후 12:2) 내가 그리스도 안에 있는 한 사람을 아노니 십사 년 전에 그가 셋째 하늘에 이끌려 간 자라

5. 인간의 세계

　이슬람의 인간관은 창조 때부터 근본적으로 죄성이 없는 선한 존재였다는 것에 기초한다. 즉 아담과 하와가 알라(Allah)의 약속을 어김으로 그 죄의 결과가 자손들에게 내려왔다는 원죄설을 거부한다.

　이슬람 전통에서는 아담이 알라(Allah)앞에서 자신의 잘못을 뉘우치고 죄사함을 받아 온전해졌음을 강조한다. 그러므로 죄없이 태어난 아담의 자손들은 살아가면서 행동하는 결과에 따라 선을 행할 수도 있고 악을 행할 수도 있는 존재라는 것이다.

　즉 기독교는 아담과 하와가 선악과를 따먹고 하나님을 거역함으로 모든 인간이 죄인 된 것을 신앙의 핵심 교리로 두고 있지만, 이슬람은 그러한 원죄 개념 자체를 부인하며 오직 개인 스스로 살면서 행동했던 실천적 행위의 결과들이 죄를 불러왔다고 말한다.

　꾸란에서도 아담과 하와가 에덴동산(천국)을 떠나 이 세상에 살게 되었음을 기록하고 있지만 그것은 그들의 죄 때문이 아니라 사탄이 자신의 수단으로 두 사람을 유혹하여 에덴동산 밖으로 유혹했기 때문이라고 묘사한다. 그러므로 이슬람에서는 모든 인간은 출생 시 순수한 존재로 태어나게 되며, 인간은 세상에 태어난 후 갖가지 죄를 범함으로써 알라(Allah) 앞에 죄인이 되어 가는 존재인 것으로 가르친다. 즉 원죄가 존재하지 않는 이슬람에서는 인간의 성품에 따라 죄를 짓지 않는 것도 가능할 수 있고, 특별히 알라(Allah)의 사명을 받은 선지자들은 죄 없는 상태로 세상에서 그 역할을 감당했다고 말할 수 있는 것이다.

6. 행동과 심판

이슬람의 종말론은 사람들이 세상에 사는 동안 무슬림으로 행했던 선과 악에 대한 삶의 행동 결과에 따라 알라(Allah) 의 심판이 결정됨을 강조한다. 그리고 행위의 결과에 따라 모든 무슬림들은 천국

이슬람의 심판과 저울

혹은 지옥을 배당받아야 하는 운명에 처해지고, 선과 악에 대한 기준은 꾸란과 하디스를 통해 결정된다는 것이 그 핵심이다.[31]

인간은 이 세상에서 살면서 보여 준 자기 신앙과 행위에 따라 적절한 보응을 받는데, 이것을 온전히 피하는 길은 꾸란의 내용을 온전히 순종하며 살아가는 것이라고 말한다. 즉 이슬람에서 강조하는 인간이 살아가는 삶의 장소는 천국을 가기 위한 하나의 시험 장소로서 존재한다. 그리고 이 땅에서 우리의 시간이 마치는 날 우리 행위가 심판의 저울 위에 올라가 무게에 따라 운명이 결정되기 때문에, 무슬림들은 그때를 위해 오직 꾸란과 이슬람법의 가르침대로 순종하며 살아야 한다는 것이다.

---

31)   British Library, http://blogs.bl.uk

심판에 있어서 이슬람의 죄에 대한 이해는 기독교와 완전히 다르다. 성경은 아담의 범죄에 대한 개념을 가지고 있고, 예수에 대한 역할이 구원과 직결됨을 가르치지만, 꾸란은 그 원죄를 용서함으로써 이루어지는 신과 인간의 화해에 대한 개념이 존재하지 않는다. 그들에게 있어서 천국과 지옥의 결과는 오직 각 개인의 선행과 악행을 기준으로 오직 알라(Allah)가 판단하여 결정한다고 믿는다.

이슬람은 인간이 죽을 수밖에 없는 존재지만 그 죽음의 끝은 모든 사람이 자연스럽게 실제적인 행복을 누릴 수 있는 곳 또는 영원한 형벌을 받는 곳으로 간다고 믿는다. 만일 세상에 살면서 많은 선행을 실천함으로 천국에 가게 된다면, 그곳은 인간이 세상에서 누릴 수 있었던 큰 기쁨이 기다리는 또 다른 쾌락의 장소라는 것이다. 이슬람의 천국은 알라(Allah)를 기뻐하고 영원히 찬양하는 거룩한 곳이 아니라 이 땅에서 누렸던 최고의 행복이 천국에서는 아무런 기한 없이 지속 가능한 장소인 것이다.

이슬람에서 인간의 죽음은 개인 스스로가 결정할 수 없는 운명이라고 말한다. 인간은 운명이 다할 때 이를 단 한 시간도 연기하거나 앞당길 수 없고, 모든 인간들의 수명은 알라(Allah)의 경전에 다 기록되어 있기에 그대로 진행된다는 것이다. 그러므로 무슬림들은 죽음에 대해 크게 두려움을 갖지 않고, 오직 알라(Allah)의 계획 속에 나를 위한 또 다른 세계가 준비되어 있음을 믿고 있다. 왜냐하면 운명은 전적으로 알라(Allah)의 뜻에 의한 것이기 때문이다.

잃어버린 형제 이스마엘

어떤 사람이 사고나 질병에 의해 갑작스럽게 죽는다 해도 독실한 무슬림이라면 그에 대해 그다지 애처롭게 생각지 않는다. 알라(Allah)의 명령이 없이는 아무도 마음대로 죽을 수 없기 때문이다. 그러나 한 가지 두려워하는 내용이 있다. 그것은 천국과 지옥을 향하는 선과 악의 무게에 대한 경중을 본인이 알 수 없다는 것이다.

그리고 무슬림들에게는 매우 운명적이지만 특별히 이슬람 세계가 인정하는 행위를 통한 죽음이 있다. 그것은 지하드(Jihad), 곧 성전(聖戰)에서의 죽음이다. 그들은 알라(Allah)가 정한 운명의 기한대로 살지 못했지만, 이슬람의 율법을 거부하는 원수들을 향해 자신들의 신앙을 표현하여 삶이 마쳐진 자는 하늘의 신이 그들의 죽음을 귀하게 여겨 바로 천국의 특혜를 받을 수 있다는 것이다. 즉 그들은 최후의 날 알라(Allah)의 심판을 거칠 필요가 없이 곧바로 낙원으로 들어간다는 것이다. 무슬림들이 전쟁을 두려워하지 않고 알라(Allah)를 위해 죽고 싶어하는 이유가 여기에 있는 것이다.

> (꾸란 3:158-159) 신의 길에서 살해당했거나 죽었다면 신으로부터
> 관용과 자비가 있을지니 이는 생전에 축적한 것보다 나으니라 만일
> 너희가 죽었거나 살해 당했다면 너희는 신에게로 돌아가니라

7. 신앙의 완성

무슬림들에게 있어 낙원은 최상의 쾌락을 누리는 곳이다. 낙원에는 맑은 요단강이 있고, 거기 흐르는 물은 그냥 물이 아니라 포도주와 우유 그리고 꿀로 구성되어 있다. 그리고 요단강 주변에는 남자를 알지 못하는 미모의 아가씨들이 많이 있어서 남성들에게 종속되어 섬기게 된다.

여기서 기독교와 이슬람의 같지만 다른 표현들을 많이 발견할 수 있다. 기독교는 요단강이 천국 입성을 위해 건너야 할 강으로 표현되지만, 이슬람은 삶이 마쳐지면 요단강에 머물며 신의 잔치를 받는 장소이다. 기독교는 천국이 하나님과 함께 실존하는 개념으로 묘사되지만, 이슬람은 신으로부터 선물을 제공받아 살아가는 관념적 공간으로 이해해야 한다.

이슬람은 낙원이 황금빛의 풍요로운 곳이고 남성들이 행복해하는 장소로 묘사되지만, 기독교의 천국은 하나님의 평화가 깃든 곳으로 주를 찬양하며 하나님과 함께 살아가는 곳으로 묘사되어 있다. 무슬림에게 있어 이슬람의 낙원은 매우 현세 지향적인 공간이며, 그곳은 남자들이 현세에서 누릴 수 있는 가장 큰 기쁨을 신이 선행에 대한 보답으로 연장해 주는 장소로 이해하면 된다.

이슬람의 낙원은 모든 사람들이 공감하는 장소라기보다는 아라비아반도에 거주하는 사람들이 누리는 것들이 풍부한 곳으로 많이 묘

잃어버린 형제 이스마엘

사된다. 즉 천국은 현세에서의 부족분에 대한 충족, 즐거움, 쾌락 등이 있는 곳으로 묘사된다.

이슬람의 낙원은 평상시 기쁠 때 즐길 수 있는 술, 우유, 꿀 등이 흐르는 풍요로운 강과 주변에는 평상시 먹기 어려운 온갖 열매 맺는 나무와 물이 넘치는 오아시스로 가득한 동산들로 가득하다. 그리고 낙원은 황금으로 가득 차 있고 또한 눈이 크고 피부가 하얀 아리땁고 순결한 여성들이 가득하다고 표현되어 있다. 특히 이슬람 낙원의 특이성은 결혼과 성생활에 대한 것이 강조되어 있다. 즉 무슬림에게 있어 낙원은 인간 세계에서 누릴 수 있는 최고의 기쁨과 쾌락이 죽음 이후에도 지속되는 장소라는 것이다. [32]

---

32) (꾸란 44:54, 52:20, 56:22) 꾸란은 비단옷, 황금, 과일, 야자수, 맑은 물, 풍부한 음식, 맛있는 포도주가 흐르는 강, 맑은 음료수와 함께 후르인(ḥūrīn) 즉 큰 눈의 아름다운 처녀들이 천국에서 기다린다고 약속한다.

1. 이슬람이 아라비아반도에 정착하기 이전과 이후를 생각할 때 가장 큰 차이점은 무엇인가? 무함마드가 자신을 따르는 추종자들을 모아 강조한 이슬람 신앙의 핵심 가치는 무엇인가?

 2. 이슬람 신앙의 형성 과정에서 유대교의 역할은 무엇이라고 생각하는가? 무함마드와 유대인의 관계가 이슬람 신앙의 발전에 어떤 영향을 주었다고 볼 수 있는가?

3. 이슬람의 천국은 행위에 대한 신의 온전한 보상으로 이루어짐을 묘사한다. 기독교와 이슬람의 천국관에 있어 가장 큰 차이점은 무엇인가? 또한 꾸란에 묘사된 천국은 왜 남성들에게 기회의 장소인가?

4. 꾸란에 묘사된 천국의 모습에서 강조되는 것은 무엇인가? 성경의 천국과 비교하면 차이점은?

(꾸란 56:12, 21-26) 축복의 천국에 기거하노라 그들이 원하는 종류의 고기를 즐기며 눈이 크고 아름다운 배우자 있으매 잘 보호된 진주와 같노라 이것들은 그들이 행한 것에 대한 보상이라 그들은 그곳에서 무익하고 욕된 말들을 듣지 아니하며 단지 평안하소서 평안하소서 라는 말만 듣노라

6장

이슬람의 세계관

1. 선지자의 삶

오늘날 우리가 만나는 무슬림은 6세기 고대 아랍의 상황과 매우 다르다. 과거 무함마드 시대처럼 일방적인 암송과 가르침으로 신앙이 형성되는 것이 아니라, 현대 기기를 통해 꾸란과 하디스를 읽을 수 있고, 의문이 있으면 비판할 수도 있는 세계에 살고 있다.

그러나 이슬람의 세계는 아직도 꾸란에 대한 절대적 권위를 인정하기에 내용에 대한 의문이 있어도 질문과 의문은 금기시되어 있다.

꾸란에는 알라(Allah)가 보낸 천사로부터 들었다고 하는 많은 신비한 메시지들과 수많은 선지자들의 행적이 자세히 나온다. 그리고 그 내용들은 어떤 검증 과정 없이 절대적인 신의 음성으로 간주되며 후손들에게 암송되었고 전달되었다.

그렇다면 무함마드의 제자들은 꾸란에 기록된 하늘의 음성과 성경의 인물에 관한 내용들을 어떻게 이해했을까? 이들은 알라(Allah)의 존재에 대한 의구심이 없었을까? 그런데 신기하게도 자신들의 지도자가 증거하는 신성한 표현들에 그의 제자들은 아무런 의심 없이 내용들을 수용하며 현재까지 전승되었다. 그가 사용한 신학적 단어들과

잃어버린 형제 이스마엘

믿음의 용어들은 무슬림으로 살아가는 제자들에게 강력한 신의 음성으로 인정되며 오히려 공동체를 견고히 하는 역할을 하게 되었다.

꾸란의 내용으로 인해 기독교에 대한 부정적인 표현과 잘못된 주장들은 현대 이슬람까지 자연스럽게 전달되었고, 예수에 대한 신성은 완전히 거부되었다. 무슬림 선지자가 표현한 내용과 삶의 방식은 이슬람의 기준 교리가 되었고, 무슬림의 행동 양식이 되었다. 또한 신을

꾸란의 절대 권위

향한 절대 신앙과 무함마드를 향한 존경심은 변경할 수 없는 진리로 인정되었다.

따라서 꾸란과 함께 무함마드의 행적이 무슬림에게 강력한 메시지로 영향을 미칠 수 있었던 요인은 무엇인가 생각해 볼 필요가 있다. 전 세계 무슬림이 선지자 무함마드를 따름에 있어 가장 근본적 믿음의 근거는 무엇인가? 혹시 이들이 놓치고 있는 것이 있을 수 있는가? 무함마드가 다루고 있는 비논리적인 신학적 주제들은 무슬림에게 어떤 영향을 미치고 있는가?

꾸란을 전달한 무함마드의 삶과 행동이 현대 무슬림의 행동 양식에 절대적 영향을 줄 수 있었던 것은 그가 이슬람 세계에서 신의 마지막 대리자로 인정되고 있다는 것이다. 그리고 이 모든 것이 이슬람 세계관의 기준이 되었고 무슬림의 종교적 삶에 기초가 되었다.

2. 종교적 신념

이슬람은 전 세계에 상당한 영향력을 미치는 종교 가운데 하나가 되었다. 사람들은 여전히 중동 국가들이 무슬림의 대다수를 차지한다고 생각하지만, 현재 무슬림 인구의 절반에 해당하는 사람들이 중동 지역이 아니라 인도네시아, 파키스탄, 인도, 방글라데시, 이 네 나라에 거주하고 있다. 최근 국내에도 이들 나라에서 들어온 많은 외국인 노동자들이 자신들의 종교적 신념을 유지한 채 다양한 분야에 뿌리내리고 있는 것이 사실이다. 또한 세계 이슬람 공동체는 한국의 노동계와 대학에서 이슬람의 성장과 무슬림의 영향력이 점차 확산되어가는 것을 보면서 한국을 이슬람이 성장하고 정착하기 좋은 나라로 소개하기도 하였다.

우리는 전 세계 인구 증가와 종교의 성장세를 볼 때 기독교나 타 종교보다 이슬람이 가장 빠르게 증가하고 있는 것을 각종 자료들을 통해 확인할 수 있다. 이것은 이슬람이 아라비아반도와 유럽, 아시아, 북아프리카를 넘어 모든 대륙으로 그 영향력을 확장해 간다는 증거이기도 하다.

이슬람의 성장과 확장

그런데 여기서 한 가지 중요한 것은 이슬람을 대하는 사람들의 태도이다. 우리는 중동과 동남아 국가, 아프리카에서 발생하는 각종 이

잃어버린 형제 이스마엘

슬람 테러와 여성 학대 등의 반인권적 활동들을 보면서 많은 사람들은 이슬람에 대한 편파적 시각을 갖고 무슬림을 바라보게 되었다.

물론 꾸란과 하디스의 내용을 문자적으로 해석하며 행동하는 극단주의 이슬람도 있지만, 많은 무슬림들은 꾸란의 내용에 상관없이 문화적으로 이슬람을 인식하고 꾸란을 해석하며 보편적인 삶을 살고 있다.

전 세계에 분포한 온건한 무슬림들은 꾸란과 하디스를 중심으로 살아가는 사람들이 대부분이지만, 이들의 삶을 주도하는 의식의 중심에 무함마드가 존재한다는 것은 부인할 수 없는 사실이다. 즉 6세기 이후 선지자를 통해 암송되고 전달된 꾸란의 내용과 전통을 중심으로 형성된 신앙이 모든 무슬림의 총체적 신념 체계에 영향을 주었고, 무슬림의 삶과 태도를 결정하는 세계관의 핵심에 있다는 사실을 인식하는 것은 중요한 관점이다.

전 세계가 다문화, 다인종의 모습으로 함께 살아가는 탈국가시대는 타 종교인 특히 무슬림에 대한 종교와 인종적 차별을 용납하지 않는다. 그러나 최소한 국가와 주민들이 이들을 지역사회의 구성원으로 받아들이기 위해서는 이주민들의 종교적 신념과 세계관의 중심이 무엇인지 이해할 필요가 있다. 이것은 타 종교인을 향한 종교적, 문화적 차별이 아니라 모두가 사회의 일원으로 함께 생활하기 위한 중요한 요소라 말할 수 있다.

따라서 이슬람의 종교적 가치와 세계관을 형성한 배경, 원리들을 알아가는 것은 이슬람과 무슬림 이해에 많은 도움이 되고 한 사회에서 공존하기 위한 중요한 과정인 것이다.

첫째, 무슬림의 세상을 향한 목적과 자세, 삶에 대한 근본적 이유와 의미는 꾸란을 중심으로 형성되었다. 이것은 자신의 존재를 형성하는 기준이 되었고, 공동체의 성향과 사회적 규칙을 만들어 가는 원리가 되었다.

둘째, 무슬림 삶의 중심에는 '타우히드(Tawheed)'[33]가 있다. 즉 창조주는 오직 알라(Allah) 한 분밖에 없음을 신앙고백으로 선언하는 것이다. 이것은 알라(Allah) 한 분만을 경배하며 알라(Allah) 외에 다른 이름과 속성을 지닌 존재를 부정하는 것을 말한다. 즉 타우히드가 말하는 알라(Allah)의 신성은 오직 알라(Allah) 외에 어떤 대상에게도 인정할 수 없는 것으로 세 가지의 큰 의미를 내포한다.

이슬람과 이슬람주의

---

33) 이슬람 신앙의 첫 번째로 알라에 대한 유일신관을 주장함으로 기독교와 다른 종교적 배경이 있음을 의도적으로 표현하는 것이다.

잃어버린 형제 이스마엘

1) 전 우주의 창조주이시며 통제자이신 분은 오직 알라(Allah) 한 분임을 믿는다.

2) 무슬림은 오직 알라(Allah)만을 섬기고 복종해야 함을 선언한다.

3) 그분의 이름과 속성은 유일무이하며 그분과 유사한 존재가 없음을 확증한다.

이는 이슬람 세계관의 기초를 이루며 모든 무슬림들이 받아들이는 절대적인 신앙인 것이다. 즉 '타우히드'는 가장 자비로우시고 인자하시며, 사랑과 용서와 전능과 공정함으로 모든 영광과 찬양을 받기 마땅하신 알라(Allah)에 대해 절대적 복종으로 그 안에서 진정한 자유와 평화를 얻게 되는 것을 의미한다.

셋째, 무슬림의 지도자 '무함마드'는 하늘의 음성을 천사로부터 전달받은 신성한 선지자로 인정한다. 그는 하늘의 진실을 인간에게 전달한 이 시대 마지막 선지자로서 그가 보여 준 삶의 형태와 명령들은 현재까지 모든 무슬림의 기준이 된다.

넷째, 이슬람은 단순한 세계 종교 가운데 하나가 아니라 정치, 문화, 경제를 아우르는 광대한 문명 체계이다. 하나의 종교를 오랜 시간 유지하려면 그것을 지탱하는 강력한 전통과 역사 인식이 존재하는데, 이슬람은 꾸란과 하디스를 중심으로 현재의 독특한 신앙적 공동체를 형성하였다. 그리고 그 세계관은 전 세계 모든 무슬림이 살아가는 데 중요한 요소가 되었고, 이들이 속한 사회와 국가에 큰 영향을 주고 있다.

3. 경전의 권위

무함마드가 생존해 있는 동안 꾸란은 한 권의 책으로 집대성된 적이 없었고, 수집하려고 시도된 적도 없었다. 단지 선지자 무함마드가 알라(Allah)로부터 받은 음성을 제자들에게 말하면, 곧 바로 꾸르라(독경사)라 불리는 그의 제자들이 들은 그대로 열심히 암기했었고, 후에 자료 보존을 위해 문서로 저장되었다. 초기 꾸란의 계시 가운데 특히 법률적인 중요한 내용들은 주로 동물의 뼈, 가죽, 대추 야자 잎 등에 기록하였으나 대부분의 내용들은 소실되었다.

꾸란은 성경처럼 신과 인간의 소통을 자세히 이야기하지 않고 오직 알라(Allah)의 뜻을 이루기 위해 메시지가 천사를 통해 예언자에게 전달되고 그 내용이 제자들에게 선포되었다. 따라서 꾸란은 신과 인간의 밀접한 관계 속에 나타난 사랑의 모습이 아닌 일방적인 표현 그 자체였다. 무슬림들은 꾸란이 사람의 손길을 거치지 않고 선택 받은 예언자를 통해 순수한 신의 음성으로 세상에 전파되었다 하여 대단한 긍지를 가지고 있다.

이슬람에서 말하는 꾸란의 계시 과정과 예비된 선지자를 통한 전달 과정을 보면 이것은 신의 말이 아니라 신 그 자체다. 따라서 무슬림에게 있어 꾸란에 대한 정통성과 계시에 대한 믿음 자체는 부인할 수 없고, 오직 순종해야 할 의미를 지니게 된다.

따라서 무슬림들은 꾸란이 알라(Allah)로부터 내려온 유일한 말씀

잃어버린 형제 이스마엘

이며 심판 때까지 영원할 것이라는 절대적 믿음을 갖게 되었고 처음 아랍어로 시작된 것에 대한 자부심을 갖고 있다. 이슬람은 꾸란이 초기에 아랍어로 전승되었기 때문에 원본의 언어가 아닌 타 언어로 번역되는 것은 경전으로 인정하

아랍어 표기, 알라

지 않는다. 따라서 꾸란은 오직 하늘에서 내려온 아랍어 원문과 각 국가의 언어로 표기된 꾸란 번역서가 존재할 뿐이다.

4. 믿음의 속성

무슬림들의 종교적 삶의 중심에 있는 믿음과 신앙의 대표적인 속성은 다음과 같다.

첫째, 알라(Allah)는 이슬람의 가장 핵심적인 신의 명칭으로 창조주, 운명의 결정자, 마지막 심판권자의 속성을 가지고 있다. 알라(Allah)는 성경의 하나님과 유사한 특징이 있지만, 신의 속성과 세상을 향한 목적, 계획 등에서 매우 다른 모습을 나타낸다.

둘째, 천사(Al Malaika)는 사람보다 격이 낮게 창조되어 알라(Allah)의 뜻에 복종하는 존재로 묘사된다. 천사가 무함마드에게 하늘의 비밀을 알려 주고, 꾸란을 전해 준 영적인 존재인지는 불확실하지만, 무슬림들은 아랍의 진(Jin) 개념을 바탕으로 무함마드가 경험한

영적 존재가 천사라고 믿고 있다.

셋째, 이슬람에서 선지자들은 지상에서 해야 할 일이 많은 특별한 사명자로 알라(Allah)에게 부름받은 사람들이다. 특히 꾸란에 나와 있는 선지자 24명 가운데 창시자 무함마드를 제외한 23명이 구약 성경에 언급되어 있는 사람들이다. (예: 아담, 노아, 아브라함, 모세, 예수 등)

이 가운데 이슬람에서도 믿음의 조상으로 여기는 아브라함은 알라(Allah)의 뜻에 복종한 최초의 무슬림이라고 말한다. 또한 무슬림들은 동정녀 몸에서 태어난 예수를 선지자 가운데 특별한 사도로 존경한다. 예수는 유대인에게 붙잡혔으나 죽음 직전 알라(Allah)에게 보냄받은 천사가 그를 구원하였고, 다른 사람이 예수 대신 대체되어 십자가에서 죽은 것으로 믿고 있다.

넷째, 구약과 신약의 일부는 알라(Allah)로부터 전승되었다고 믿는다. 이슬람은 구약의 창세기, 출애굽기, 민수기, 신명기, 민수기(트와트Tawrat), 시편(자브르 Zabur), 또한 신약의 마태복음, 마가복음, 누가복음, 요한 복음(인질 Injil)이 알라(Allah)의 말씀인 것을 인정했으나, 세월이 지나며 변질되었다고 믿는다. 따라서 알라(Allah)는 무함마드를 통해 마지막으

인질 (사복음서 번역판)

로 꾸란(Quran)을 전달하였고 이것이 유일한 성경임을 믿는다.

다섯째, 무슬림의 종말은 행위에 따라 판단되지만, 구원은 오직 신의 선택에 따라 결정된다. 이슬람은 최후의 심판과 내세를 믿지만, 구원의 조건은 매우 단순하다. 꾸란은 무슬림 각자 행동의 책임을 강조하고 있지만, 그것도 마지막 인간의 행위에 불과할 뿐 결정은 '알라(Allah)'가 내린다고 믿는다. 따라서 무슬림이 가장 많이 사용하는 생활표현 가운데 하나가 '인샬라(Inshallah)' 또는 '키스멧(Kismet)' 즉 '알라(Allah)의 뜻에 따라 모든 것이 결정된다'는 의미이다.

여섯째, 인간의 모든 운명은 이미 알라(Allah)에 의해 정해졌다는 숙명론을 믿는다. 그러나 이슬람 전체 약 13%에 해당하는 시아파 무슬림은 알라(Allah)가 인간에게 자유의지(Free will)를 주었고 지상에서 삶의 책임은 우리 스스로에게 있음을 강조한다.

5. 헌신과 복종

이슬람(Islam)이란 단어는 알라(Allah)의 뜻에 '헌신' 또는 '복종'함을 의미한다. 무슬림은 알라(Allah)께 복종하는 사람으로 세상에서 사는 동안 온전히 선을 행하여 그분을 기쁘게 하고, 이슬람을 전파하기 위해 꾸란에 있는 명령들을 수행해야 한다.

기독교와 이슬람의 가장 큰 차이는 경전에 나타난 신의 속성에 따른 명령과 이것을 배경으로 신과 연결된 인간의 삶이다. 결국 기독교인과 무슬림은 성경과 꾸란을 중심으로 세상에서 삶을 영위하지만 그 목적과 삶의 방향, 신과의 관계성 등 경전을 통한 행위에서는 많은 차이점이 있다.

그리스도인은 성경의 가르침인 희생과 섬김을 통해 하나님의 뜻을 이루어 가며 복음을 전하지만, 무슬림은 꾸란과 무함마드의 가르침에 순종하며 주변을 이슬람화하는 것에 목적을 둔다. 사실 선교(mission)라는 측면에서 기독교와 이슬람은 유사한 공통점이 있으나 방법론에 있어 매우 큰 차이를 보이고 있다. 또한 이슬람과 기독교의 공통점은 본받을 대상이 정해져 있다는 것과 초대 믿음의 조상, 신앙의 선배들을 통해 현재를 돌아본다는 것이다.

기독교는 예수님을 통해 죄인들이 구원받고 하나님 나라가 완성되는 것에 목적이 있다면, 이슬람은 무함마드를 닮아 가며 세상 모든 사람들이 알라(Allah)의 법에 복종하는 칼리프 국가를 온 세상에 세우는 것에 있다. 또한 헌신과 복종에 관한 가장 큰 차이점 가운데 하나로 성경은 예수를 통한 개인 구원과 하나님 나라의 완성이고, 꾸란은 알라(Allah)와 선지자 무함마드가 보여 준 율법을 실천함으로 얻어질 개인구원의 완성이다.

6. 경전의 차이

이슬람 세계관의 핵심은 꾸란에 언급된 신의 명령과 무함마드의 삶을 통해 보여 준 행동 양식에 따라 형성되었다고 표현할 수 있다. 이 가운데 무슬림의 세계관 형성에 가장 큰 영향을 준 신학적, 실천적 강조점은 아래와 같다.

첫째, 꾸란은 마지막 때를 향하여 알라 (Allah)가 전해 준 유일하고 완성된 정경이다. 초기 기독교인의 성경 가운데 일부는 알라(Allah)의 말씀이었다. 하지만 많은 예수의 제자들이 알라(Allah)의 말

> **흙으로 창조된 예수**
>
> 하나님께서 아담에게 그랬듯이 이 예수에게도 다를 바가 없도다 알라는 흙으로 그를 빚어 그에게 말씀하셨다 있어라 그리하여 그가 있었느니라 (꾸란 3:59)

씀을 자신들의 상황과 환경에 따라 변질시키며 성경으로서 의미를 상실했다고 믿는다. 따라서 가브리엘 천사가 무함마드를 통해 하늘의 원본을 새롭게 전달하여 꾸란이 완성되었음을 믿는다.

둘째, 알라(Allah)는 삼위일체 하나님이 될 수 없고, 예수는 알라 (Allah)의 아들이 아니다. 성부와 성자의 관계는 알라(Allah)를 모독하는 것이고, 예수는 단순히 육체적이고 생물학적인 예언자이다.

셋째, 예수는 무함마드의 앞길을 예언하는 선지자로서 역할이 무엇보다 중요하다. 예수는 알라(Allah)의 아들이 아니고, 신이 인간이 되어 이 땅에 내려온 자가 아니다. 꾸란에 묘사된 예수는 결코 신의 속성을 가질 수 없다. 예수는 십자가에서 죽지 않았고 그 대신 다른 사람이 그의 형체로 십자가 형을 받았다고 믿는다. 예수는 꾸란에 기록된 것처럼 흙으로 창조된 피조물에 불과하다.

넷째, 천국은 꾸란과 하디스에 기록된 행동 양식을 실천하는 무슬

림에게 주어지는 특권이다. 이슬람의 구원론은 행위를 통한 결과를 강조한다. 즉 알라(Allah)가 심판 날에 인간의 모든 행위를 저울에 달아 계산하여 개인 구원을 결정한다(꾸란 7:8, 9). 알라(Allah)는 선행을 사랑하며 이에 영원한 상을 약속한다(꾸란 10:6-11, 26). 특별히 선을 행하는 자는 알라(Allah)의 심판을 받지 않고 모든 죄를 용서받는 특권을 누리게 된다.

다섯째, 예수는 많은 선지자 가운데 한 명이고, 무함마드는 경전을 완성한 최종 선지자이다.

여섯째, 이슬람은 모두가 무슬림이 되어 하나의 형제 국가를 건설하는 것이 목표이다. 꾸란과 하디스를 중심으로 완성된 이슬람 법 샤리아(Sharia)는 정치, 경제, 사회, 문화 등 세상 법이 다루는 주제는 물론이고 위생, 기도, 일상 예절, 금식, 종교, 재정, 인간 관계와 같은 폭넓은 일상과 환경을 결정하는 기준이 되어야 한다.

7. 무슬림의 의무

이슬람에서 무슬림들은 자신이 이 땅에 사는 동안 평생의 의무를 수행하며 살아야 할 이유가 있다고 믿는다. 이 땅에서 삶이 끝날 때 여섯 가지 의무 사항에 대한 행위의 결과가 천국과 연결될 수 있기 때문이다.

잃어버린 형제 이스마엘

첫째, 유일신 알라(Allah)를 향한 진실한 신앙 고백(샤하다, Shahadah)

둘째, 하루 다섯 번 메카 방향으로 드리는 기도(살라트, Salat)

셋째, 매해 30일 금식을 통한 헌신과 절제(라마단, Ramadan)

넷째, 이웃을 위해 자기 수입의 일부를 기부(자카트, Zakat)

다섯째, 일생에 한번 메카를 여행하는 성지순례(하지, Hajj)

여섯째, 무슬림의 삶을 통한 다양한 모습의 선행(지하드, Jihad)

(세계 뉴스)

이슬람 사원의 확성기 소리가 크다고 항의한 중국계 인도네시아인 여성에게 법원이 실형을 선고해 논란이 있었다. 자카르타포스트 등 현지 언론에 따르면 인도네시아 메단 지방법원은 중국계 불교도 메일리아나(44, 여)에게 지난 징역 1년 6개월을 선고했다. 북(北)수마트라주 탄중발라이시 주민인 메일리아나는 자택 인근 이슬람 사원의 확성기 소리가 크다고 민원을 제기했다가 신성모독 혐의로 기소됐다.

인도네시아의 이슬람 사원은 확성기를 이용해 하루 다섯 차례 '아잔(예배 시간을 알리는 소리)'을 울린다. 이 확성기는 설교를 들려주는 용도로도 사용된다. 메일리아나는 소리가 너무 커 귀가 아프다면서 음량을 낮출 것을 거듭 요구했다. 그리고 이에 격분한 무슬림들은 탄중발라이 일대의 불교사원 14곳을 파괴하고 약탈했다.

국제앰네스티 인도네시아지부는 성명을 통해 "표현의 자유를 위배한 터무니없는 판결"이라고 비판했다. 2억 8천만 인구의 87%가 이슬람교인 세계 최대 무슬림 국가인 인도네시아는 헌법으로 종교의 자유를 보장하지만, 신성모독법은 이를 규제하기 위한 법률로서 최근에는 소수 종교를 탄압하거나 정적 등을 괴롭히는 수단으로 악용되는 사례가 발생해 문제가 되고 있다.[34]

---

34) http://www.dailyindonesia.co.kr/news/view.php?no=17050 "이슬람사원 소음 항의가 신성모독"

잃어버린 형제 이스마엘

Q & A 더 깊은 토론

1. 왜 이슬람은 꾸란에 대한 해석과 현대적 적용을 인정하지 않고 오직 아랍어 원문을 중심으로 읽고 암송하는 것만 강조하는가? 아랍어 꾸란을 제외한 외국어 꾸란을 번역서라 지칭하는 이유는 무엇일까?

 2. 이슬람이 말하는 무슬림의 의무와 믿음의 속성은 이슬람의 성장과 확장에 어떤 영향을 미칠 수 있는가? 이것이 무슬림 세계관의 중심으로 자리 잡을 수 있었던 배경과 영향은 무엇인가?

3. 기독교 성경과 이슬람 꾸란에서 예수에 관한 믿음의 가장 큰 차이점은 무엇인가? 무슬림과 기독교인의 행동과 믿음에 관한 실천에서 유사점과 차이점은 무엇인가?

4. 무슬림은 아래 꾸란 구절을 통해 기독교를 어떻게 해석하는가?

(꾸란 3:18-29) 하나님께서 증언하사 그분 외에는 신이 없으며 천사들과 학자들도 전지 전능하신 그분 외에는 신이 없음을 확증하노라 하나님의 종교는 이슬람뿐이며 이전에 성서를 받은 이들도 달리하지 아니하였으나 그 후 그들에게 그른 지식이 도래하였더라 하나님의 말씀을 불신하는 자 하나님의 심판을 곧 받으리라

7장

이슬람의
현대 동향과 반응

1. 종교적 차별화

지난 20세기 이슬람 세계는 다시 한번 종교적, 정치적 이슬람 이데올로기를 내세우며 이슬람 부흥 운동을 전개했다. 특히 국가별, 종파별 연합이 이슬람 갈등을 해소할 수 있을 것으로 기대했지만 결국은 종파가 가지고 있는 특성에 따라 분열과 테러가 여러 지역에서 번번히 발생하는 것을 볼 수 있었다.

그러나 이 방법 자체가 이슬람 부흥과 연결될 수 있었던 요인은 끊임없는 종파 간 내전이 평화협상처럼 비춰지며 갈등의 문제가 오히려 무슬림을 결집시키는 효과를 가져왔기 때문이다.

또한 이슬람 세계에서는 서구의 영향력으로 인한 이슬람 본연의 가치를 상실할 것에 대한 두려움으로 이슬람 원리주의 운동이 발생했는데, 이것은 무슬림의 원론적 신앙 회복이란 가치 아래 세속화된 이슬람을 하나되게 하는 효과를 얻기도 하였다.

이 방법은 세속화된 서구 세계에 대하여 탈세속화를 통한 차별화 전략으로 서구 세계를 벗어나기 위한 운동으로 강력한 인상을 주었으며, 이것은 번영만을 추구하는 서구화를 거부함과 동시에 이슬람

잃어버린 형제 이스마엘

세계의 차별화를 통하여 그들만의 정체성을 회복하고 범이슬람주의
즉 글로벌 움마 공동체를 건설하는 데 목적을 가지게 되었다.

무함마드 이후 현재까지 이슬람의 종
교적 부흥과 확장은 시대별 환경에 적응
하며 지속적으로 진행되었다. 그리고 이
슬람은 위에 언급한 탈서구화와 및 탈세
속화를 향한 근본주의적 신앙과 실천의

모습을 오히려 서구의 SNS를 이용하여 빠르게 소통하며 확장하는 것
에 사용하고 있다.

그러나 이슬람에게 있어 큰 도전으로는 시장이 지배하는 글로벌 유
동성의 증대, 사이버 세계의 출현 및 동성 결혼의 국제 규범화 허용
등으로 이슬람이 인정할 수 없는 탈신앙적 세대와 디지털 포스트모
더니즘 속에서 새로운 세대를 살아가는 젊은 무슬림에게 또 다른 포
스트 무슬림 공동체를 형성해야 하는 과제를 갖는 것이다.

2. 종파 갈등과 분쟁

9.11 테러 이후 이슬람권에서 벌어지는 국지전, 내전, 소요 및 각종
사건들을 비롯하여 이슬람에 대한 반감을 가졌던 인사를 향한 테러
및 이슬람 종파 간 갈등까지 세계는 지금 개인에서 종파 간, 국가 간
내전으로 인해 그 상황이 전혀 바뀌지 않고 있다.

현재 석유를 중심으로 벌어지는 경제 구획 갈등과 미국과 중국, 러시아를 중심으로 한 정치적 대리전쟁, 또한 신에너지 산업을 중심으로 벌어지는 경제적 내전은 지금도 진행 중이다. 또한 이슬람 국가(IS)의 출현으로 바뀌기 시작한 중동과 이슬람 세계의 국경선은 에너지를 중심으로 경제적 활성화를 추구하는 이슬람 국가들의 모습이 서방의 국가들과 연결되며 새로운 이슬람 국가의 형태로 변해 가는 것도 볼 수 있다.

특히 지금까지 이슬람 세계의 갈등 구조는 기독교와 이슬람 간의 종교 분쟁, 수니파와 시아파의 종파 분쟁을 넘어 아랍 대 서방(이스라엘) 구도의 반외세 분쟁, 세속주의와 이슬람주의 분쟁, 다수 민족과 소수 민족의 분쟁, 중동 국가 간의 분쟁 등 다양한 모습으로 연결되어 있음을 알 수 있다.

이는 이슬람의 갈등이 초기 자신들의 부족을 중심으로 발생했지만, 이제는 변화된 세계의 흐름에 따라 그 모습이 다양한 환경과 정치 배경을 중심으로 바뀌고 있는 것을 의미한다. 그럼에도 이슬람과 연결된 갈등의 배경에는 그들의 가치와 신앙적 노선을 바탕으로 국가 대 국가, 부족 대 부족 또는 종파 대 종파 간의 관계가 형성되어 있음을 볼 수 있다.

특히 이슬람의 가치를 중심으로 일으키는 각종 테러와 전쟁은 세상으로부터 무슬림을 바라보는 시각을 바꾸어 놓았는데 대표적인 사례

잃어버린 형제 이스마엘

가 '이슬람포비아'[35]이다. 이것은 전 세계적인 국제 정세 변화 과정에서 일어난 여러 가지 현상들에 대한 해석에 있어, 이슬람 자체의 종교적인 특징 내지는 문제점을 그 원인으로 보는 관점에서 시작됨을 의미하는 것이다.

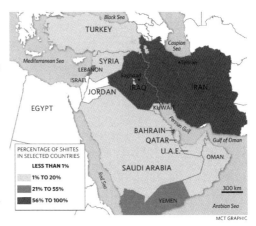

Muslims in the Mideast

Less than 15 per cent of the world's Muslims are Shiite, or Shia; most Muslims are Sunni.

	SHIA MUSLIM	SUNNI MUSLIM
Bahrain	70%	30%
Egypt	–	90%
Iran	90%	9%
Iraq	63%	34%
Jordan	2%	92%
Lebanon	36%	22%
Qatar	14%	86%
Saudi Arabia	5%	95%
Syria	13%	74%
Turkey	15%	85%

PER CENT OF POPULATION

SOURCE: Pew Forum on Religion and Public Life; CIA World Factbook, Adherents.com

PERCENTAGE OF SHIITES IN SELECTED COUNTRIES
- LESS THAN 1%
- 1% TO 20%
- 21% TO 55%
- 56% TO 100%

MCT GRAPHIC

수니파 시아파 갈등

더구나 2000년대 후반부터 세력을 키운 이슬람 극단주의자들의 행동이 미디어 발전을 통해 많은 사람들에게 알려진 것도 결정적인 영향을 주었다고 할 수 있다. 이것은 서방 국가들의 경제적 부흥에 이민

---

35) 이슬람포비아(Islamophobia)는 이슬람을 바라보는 시각에 공포와 혐오가 추가된 현상을 말한다. 이슬람 일부 테러주의자들로 인해 무슬림을 바라보는 시각이 부정적으로 표현되는 것을 말한다. 즉 이슬람 문화권과 무슬림, 혹은 이슬람 그 자체에 공포를 느끼거나 그 공포심이 발전하여 혐오감까지 느끼는 것까지 총체적으로 일컫는 말이다.

족들의 세력화를 통한 부의 증가를 견제하는 입장에서 발생된 이슬람 원리주의와 신앙적 가치를 내세우며 근본주의를 강조하고 출현한 무슬림들을 바라보는 시각으로 인해 시작되었음을 알 수 있다.

또 다른 관점은 이슬람에 대한 특별한 관점을 갖게 된 배경이 2차 대전 이후, 냉전 시대로 접어들면서 아시아를 비롯한 제3국가들의 성장과 교류가 늘어나면서 상호간의 이데올로기의 대립으로 나타났다고 볼 수 있다.

즉 미국과 유럽을 비롯한 지역에서 여러 인권신장운동이 발생하며 인식의 개선이 빠른 속도로 이루어졌으나, 상대적으로 중동 지역과 아시아 이슬람 국가들에서 신정일치라는 특유의 문화로 개선의 속도는 상대적으로 낮아졌고 오히려 자신들의 고유 문화에 대한 저항으로 인식하고 서구와의 대립이 발생할 수밖에 없었다.

신정일치의 문화는 중동의 발전을 막는 걸림돌이 되어 중동 지역은 어떤 지역보다 낙후되어 있어 오일 머니 외엔 수입의 수단이 없었고, 오히려 종파 간 발생하는 테러와 폭력 등은 서구 세계로 하여금 이슬람과 무슬림을 판단하는 새로운 관점을 갖도록 부추기는 역할을 한 것도 사실이다. 물론 중동의 역사적 배경과 상황들을 보면 이해할 수 있는 내용들이다. 이런 예는 중동 외에도 다른 이슬람 국가인 파키스탄, 아프가니스탄, 방글라데시, 인도네시아, 말레이시아, 몰디브 및 아시아와 유럽의 국가에서도 이슬람 극단주의의 문제가 심각해지고 있음을 알 수 있다.

잃어버린 형제 이스마엘

3. 글로벌 공동체

지난 20세기 이슬람 세계에서는 정치적 이슬람 이데올로기의 주도로 이슬람 부흥 운동을 전개했다. 이러한 방법이 세속화된 서구 세계에 대하여 탈세속화를 통한 차별화 전략으로 서구 세계의 이슬람 생존을 위한 운동으로 전개되었다. 또한 이슬람 세계는 차별화를 통하여 정체성을 회복하고 범이슬람주의 글로벌 움마 공동체를 건설하여 신앙을 중심으로 이슬람 공동체를 확장하고 형성하려 하였다.

따라서 현대 무슬림 엘리트들은 새로운 형태의 국제 이슬람운동을 모색하고 그 방법들을 모색하고 있다. 이들은 이슬람의 부흥과 세계 이슬람 공동체 움마 건설이 꾸란과 이슬람 전통에 기반하여 기초부터 내실을 다진 무슬림 민중운동의 성격으로 나타나야 한다는 것이다.

이것은 무슬림들의 내적 정체성 회복을 중심으로 시작하여 이슬람의 가치를 회복하자는 운동을 기조로 한 범이슬람주의 신앙 운동으로, 이러한 경향은 포스트모더니즘 시대 이슬람의 새로운 대응전략 형태라 할 수 있다. 즉 현대 사회의 방향에 따라가지만 이슬람 고유의 가치와 전통을 유지하며 신앙적 공동체로 존재하기 위한 방법을 통해 이슬람 부흥을 준비한다는 것이다.

지금 세계는 시장이 지배하는 세계 체제로 인한 글로벌 갈등의 문제, A.I. 등장으로 변경되는 산업 형태, 다양한 환경으로 인한 이주민 발생 등으로 한편으로는 글로벌 시스템이 강화되었고, 다른 한편으로는 유동성과 불확실성이 증가하면서 새로운 디지털 포스트모더니즘로 시대로 돌입하고 있다. 이에 따라서 이슬람 운동도 과거 정치적 이슬람의 오류와 실패를 극복하면서 새로운 시대에 맞는 새로운 글로벌 이슬람 운동으로 빠르게 진화하고 있다. 이슬람도 서구의 변화를 바라보며 이제는 과거의 전통과 유산만을 유지하고 지키는 보수적 관점을 극복하고 '포스트 이슬람 주의'로 넘어갈 필요성을 인식하고 있는 것이다.

대표적인 예로, 중동 국가는 처음부터 다양한 채널이 들어오는 위성 방송에 호의적이지 않았다. 이들이 위성 방송을 금지한 이유는 종교 중심 국가들이 의례 그렇듯이 '이슬람적 가치에 어긋나는 방송들이 고유의 미풍양속을 해친다'고 생각했기 때문이다. 그러나 지금은 개인과 사회 국가가 사회 관계망의 대표라 할 수 있는 SNS(Social Network Services)를 통해 다양한 방송과 채널들이 급격하게 확장되고 성장하고 있다.

4. 이슬람포비아

앞에서 잠시 언급한 이슬람포비아(Islamophobia)는 이슬람(Islam)과 포보스(Phobos, 공포)가 합성된 말로 일반적으로 '이슬람 공포증'으로 해석된다. 학술적으로 이슬람 공포증이란, 인종차별, 반이슬람, 반무슬림을 나타내는 말로, 미국의 9.11 테러 사건 이후 이슬람 근본주의에 반응하여 나타난 현상으로 보는 학자들이 많다.

잃어버린 형제 이스마엘

이슬람포비아의 역사적 기원은 8세기 서유럽이 이슬람의 우마이야 왕조에게 정복당하며 무슬림에게 당했던 고통과 상처가 두려움으로 작용하여 나타났다고 보는 이들도 있다.

이후 400여 년이 지나 유럽의 십자군이 활동하며 이슬람의 세력을 저지했을 때 그 두려움이 약화되었지만, 13세기 이후 출현한 오스만 터키가 동로마 제국을 멸망시키고 유럽 대부분의 국가들을 점령하면서 이슬람에 대한 공포는 다시 상승하기 시작한 것이다.

일반적으로 무슬림을 이해하기 위해 이슬람의 정체성을 말할 때 이들의 세계관 중심에 존재하는 꾸란과 하디스의 내용을 배제할 수 없다. 이슬람의 전쟁은 정치적 야욕으로 인한 영토 확장 개념도 있지만, 한편으로는 무슬림으로 살아가는 이들에게 주어지는 숙명 같은 명령이기도 하다. 이슬람 경전 꾸란은 '알라(Allah)를 위해서 생명과 재산을 바쳐 싸우는 자들이야말로 진정한 무슬림(꾸란 49:15)'이라고 정의하고, '이교도들과의 싸움은 무슬림들의 의무(꾸란 2:216)'라고 규정하고 있다. 또한 '싸우기를 거부하는 무슬림들을 위선자(꾸란 3:167)'라고 칭하고, '명령에 순복하지 않는 자에 대한 심판(꾸란 4:145)'도 기록되어 있다.

그러나 한 가지 중요한 것은, 꾸란의 내용에 동의하며 행동으로 실천하는 극단주의 무슬림보다 평화를 이야기하며 이웃으로 살기 원하는 온건주의 무슬림들이 더 많다는 것이다. 따라서 우리는 여러 방송 매체를 통해 보여지는 극단주의 무슬림으로 인한 '이슬람포비아'로 인해 보편적 가치를 추구하고 더불어 살기 원하는 평범한 무슬림들까지 편견을 가지고 바라보는 시각은 반드시 주의해야 한다.

그럼에도 사람들이 여전히 이슬람에 대한 두려운 관점을 유지하는 것은, 전 세계에서 이슬람의 이름으로 자행되는 테러에 대해 자극적 뉴스를 원하는 각종 매체들이 이슬람 전체를 두려움의 대상으로 표현하며 한쪽 방향으로 몰아가기 때문이다.

또한 소수 극단주의 무슬림이 이슬람의 이름으로 다양한 사건들을 일으킬 때 이슬람을 대표하는 국가들과 연합체가 이들의 행위에 대해 대처하지 않고 침묵한 것이 오히려 '이슬람포비아'에 대한 정당성을 부여한 결과로도 이해할 수 있다.

우리는 이슬람의 경전과 율법을 통해 무슬림의 양면성을 볼 수 있지만, 그들을 향하여 이슬람포비아란 단어를 사용하고 모든 무슬림을 동일시하여 표현하는 것은 반드시 주의해야 한다.

5. 전통과 문화

이슬람은 다양한 문화와 전통을 가지고 있으며, 이는 서구 사회에도 큰 영향을 미쳤다. 이슬람의 전통과 문화 중에서 서구 사회에 영향을 준 것들은 건축, 예술, 문학, 음식 등으로 지금까지 현대 사회와 조화를 이루며 공존해 온 것이 사실이다. 이슬람은 종교적 신념을 존중하면서도 사회적 상호작용을 유지하고, 여성의 권리와 자유를 존중하지만, 일부 이슬람 국가에서는 이슬람 율법을 지나치게 강조하여 인권 침해나 테러 등의 문제가 발생하기도 한다.

이슬람 사회에서 무슬림 남성에 의해 여성에 대한 명예 살인이 발생하거나, 일부 남성이 여러 명의 부인을 두는 것은 사실이다. 따라서 많은 이슬람 국가들은 명예 살인을 범죄로 규정하고 없애기 위해 노력하고 있다. 일부다처가 법적으로 허용되는 이슬람 국가라 하여도 일부다처제가 일반적인 것은 아니며, 도덕적으로 수용하는 비율이 높은 일부 국가에서도 모든 남성이 여러 명의 아내를 두는 것은 아니다. 대다수의 무슬림 여성들은 일부다처(一夫多妻)를 부정적으로 생각하고 특히 젊은 세대일수록 다수의 아내를 허용하는 이슬람 제도에 비판적이다.

무엇보다도 이슬람 종교는 변화하고 있다. 여성을 착취하고 억압하는 남성과 그것을 묵인하는 사회를 향해 쓴 소리를 내며 정치와 제도에 맞서 싸우는 무슬림들도 많다. 한 예로, 파키스탄의 말랄라 유사프자이(Malala Yousafzai)[36]는 정당한 권리를 주장하다 탈레반의 타깃이 되어 머리에 총을 맞기도 했으나, 그에 굴복하지 않고 모든 여성

---

36)   https://www.humanrights.go.kr/site/program/webzine/ "총맞고 책"

과 어린이에게 교육권이 필요하다고 외쳤다. 예멘의 타와쿨 카르만
(Tawakel Karman)[37]은 2011년 민주화 투쟁을 이끌었고, 여성의 안전
과 인권, 평화를 위한 활동에 참여할 권리를 위해 싸웠다. 이들은 이
슬람의 전통과 관습에 저항하며 보편적 사고로 자신의 권리를 찾기
원하는 연약한 무슬림일 뿐이다. 이들은 무슬림이란 배경을 갖고 있
지만 결코 테러리스트라고 말할 수 없다.

6. 이슬람의 정착

　최근 실시된 유럽의 다양한 통계조사 결과를 살펴보면 유럽 사회
속 무슬림 인구는 지속적으로 증가해 왔고, 향후에도 꾸준히 성장할
것으로 예측하고 있다. 그러나 이는 유럽만의 상황이 아니다. 특히 미
국과 아시아의 증가세는 자연 출산과 개종을 바탕으로 타 종교에 비
해 월등히 빠른 상승세를 보이고 있다.
　특히 유럽은 타 지역의 국가들에 비해 무슬림 인구가 가파르게 증
가하는데, 이것에 대한 주요 원인 가운데 하나는 2차대전 이후 일어
난 서방 국가들의 이민정책이라고 말할 수 있다. 우리가 방송을 통해
보듯이 유럽 국가들은 다양한 국가의 이민자 입국을 허용했고, 이주
민들의 정착과정을 통해 많은 사회적 이슈들이 나타나기 시작했다.
　특히 무슬림 이민자들의 종교적 관습이 기존의 유럽 문화와 충돌하

---

37)　https://www.sisain.co.kr/news/articleView.html?idxno=11414 "아랍의 이중잣대"

면서 갈등이 발생하였다. 예를 들어, 일부 국가에서는 무슬림 여학생들이 쓰는 히잡이 형평성에 어긋난다 하여 히잡 착용을 금지시켰고, 이것이 큰 사회적 논란이 되기도 하였다. 또한 이슬람교의 도축 방식이 동물보호법과 충돌하기도 하였다.

이러한 문제들은 유럽의 사회적 통합과 다양성 존중에 대한 과제를 제시하게 되었다. 해마다 세계의 상황들을 분석하고 연구하는 미국의 여론조사 기관인 퓨리서치 센터(Pew Research Center)는 유럽에서 가장 빠르게 증가하고 성장하는 종교가 이슬람인 것을 통계로 발표했다.

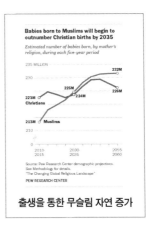

출생을 통한 무슬림 자연 증가

이 자료에 따르면 2017년부터 유럽 내무슬림 인구는 전체 유럽 인구 가운데 가장 빠른 속도로 증가하는 그룹인 것을 나타내는데, 주 원인으로 무슬림의 높은 출산율을 지적했다. 그리고 이 자연 증가분에 따라 유럽 내 무슬림은 앞으로 2050년까지 이민자를 한 명도 안 받아도 2050년에는 3580만으로 1000만 명이 증가할 것으로 전망했다. [38]

특히 국가재건 및 경제활성화를 위해 일시적으로 허용한 이주민을 허용한 독일에서는 외국인 노동자들이 본국으로의 귀국을 거부하며

---

38) https://www.yna.co.kr/view/AKR20171130147200009 "2050년까지 유럽 무슬림 인구 급증"

자신이 거주했던 도시에 불법으로 정착하기 시작하였다. 이에 따라 사회적 불균형과 불안감을 느낀 정부는 '외국인 귀국 촉진법(1983)'[39] 과 같은 이민법을 만들어 발표했으나 실질적인 효과를 거두지 못했고 또한 2022년에는 난민법을 강화하여 독일에 입국하는 외국인의 수를 통제하려 했으나 오히려 여러 경로를 통해 들어오는 사람들로 인해 불법 체류자에 관한 이슈들이 나타나기도 했다. 결과적으로는 정책의 실패가 사회적 혼란을 불러옴과 동시에 이주민들은 자신이 속한 사회에서 소외됨으로 인한 새로운 갈등이 나타나기도 하였다.

현재 유럽의 많은 국가들은 이민자들을 수용하는 과정에서 적절한 정책을 마련하지 못했다는 비판을 받고 있다. 또한 일부 유럽 국민들이 가지고 있는 무슬림 이민자들에 대한 편견과 차별도 점도 문제로 지적되고 있다.

이런 국제 사회 분위기 속에서 무슬림들의 소외감과 분노는 심화되지 않을 수 없다. 특히 유럽의 무슬림 2세들이 차별과 편견 속에 제대로 일자리를 찾거나 꿈을 펼칠 수 없게 된다면 결국 자신들이 융화될 수 없었던 서구 사회에 대한 저항과 반감을 품게 되고, 이들은 서구 사회를 향하여 성전(Jihad, 지하드)을 선포한 극단주의 이슬람의 유혹에 빠져들 수도 있을 것이다.

---

39)   https://repository.kihasa.re.kr/bitstream/201002/5257/1/5305 "독일의 이주민 통합정책"

7. 아랍 세계와 한국

1970년대 한국과 사우디아라비아는 경제와 문화 교류가 많았다. 1973년 석유 파동 이후 한국은 원유 수급의 다변화를 위해 사우디아라비아와 외교 관계를 강화하였으며, 이는 중동 진출의 계기가 되었다.

당시 한국은 중동 지역과의 교류를 통해 경제 발전을 이루었으며, 중동 국가들 중에서도 사우디아라비아는 한국에 가장 많은 투자를 한 나라였다. 또한 1970년대부터 한국의 근로자들이 사우디에 들어가서 일을 하였으며, 이들이 계속 남아 사업을 하는 경우도 있었다.

사우디아라비아를 비롯한 중동 국가들은 자국의 문화와 언어를 홍보하기 위해 노력하였으며, 한국에서도 다양한 행사가 열렸는데, 특히, 이슬람의 금식일인 라마단 기간에는 이들의 독특한 문화와 종교적 관습을 알리는 행사를 진행하기도 하였다. 이러한 교류를 통해 한국과 사우디아라비아는 서로의 문화와 역사를 이해하고, 양국 간의 우호 관계를 증진하게 되었다.

> **무슬림 인사 '앗살람'**
>
> 이웃이 정해져 있지 않은 유목민은 타인에게 적대감을 품지 않고 있다는 것을 알리기 위해 '살람(샬롬)' 즉 평화라는 말을 한다. 그리고 살람이란 말 앞에 정관사 '앗'이 붙음으로써 '알라가 주는 그 평안'이라는 큰 뜻으로 서로가 싸우지 말자라는 의미를 내포한다.

고대 한국 사회의 역사를 살펴보면 이슬람은 이미 신라 시대부터 한반도에 유입되었음을 자료들을 통해 발견할 수 있다.[40] 처음 선조

---

40) http://www.atlasnews.co.kr/news/articleView.html?idxno=2013 "한국의 이슬람史"

들은 아랍 문화와 직접적인 교류를 진행하지 않았지만, 중국, 몽골, 러시아 등의 주변국을 통해 자연스런 만남이 이루어졌고, 그 이후 고려시대에는 원나라를 통하여 이슬람의 전파가 본격적으로 진행되었고, 조선시대는 무슬림들의 정착과 사회생활 등이 '조선 왕조 실록'에 기록될 정도로 깊은 교류가 있었다.

현대에 들어 이슬람이 부각되는 것은 1950년 한국 전쟁을 위해 UN군으로 참여한 무슬림 군인들이다. 특히 미국 다음으로 많은 군인을 파견한 튀르키예(약 5000명)는 이슬람 신앙과 인도적 사명으로 한국전에 참전했다.

전쟁이 끝난 후 튀르키예 군인들의 헌신과 희생은 한국인들에게 큰 인상을 주었고, 한국 정부는 한국 전쟁의 어려움에 동참해 준 튀르키예 정부에 감사를 표하는 의미로 서울 이태원에 부지를 제공하였다. 그리고 이것을 계기로 이슬람은 한국 사회에 정착할 수 있는 발판을 마련하게 되었다.

그 이후 한국 정부는 이슬람 국가들과 친밀도를 높이며 경제협력과 문화교류 등으로 다양한 국가 외교를 진행하였고, 특히 경제 활성화를 위해 무슬림의 음식 기준인 할랄(신이 허용한 음식)을 인정하기 시작하며 이슬람 국가들과 친밀한 관계를 통해 적극적인 접촉을 시도하였다.

최근에는 한국 경제가 급성장하면서 주변 국가의 외국인 노동자들이 국내에 많이 유입되었다. 특히 말레이시아, 인도네시아, 파키스탄

잃어버린 형제 이스마엘

그리고 중앙아시아 출신의 사람들이 많이 유입되었는데 이들은 대부분 자신들의 종교 규례에 따라 하루 5번 사우디아라비아 메카를 향해 기도를 하고 매주 금요일을 거룩한 날로 지키는 무슬림들이다.

8. 잃어버린 형제 무슬림과 대화

이제 우리는 주변에 살고 있는 무슬림들을 쉽게 만날 수 있는 시대가 되었다. 과연 우리는 우리와 다른 문화의 이웃을 향하여 어떤 태도를 취해야 할까? 다음 장에도 언급했지만 무슬림 이웃을 향하여 우리가 주의해야 할 것에 관해 정리하면 다음과 같다.

첫째, 무슬림에 대해 두려움과 위협감을 갖지 말자. 이슬람 하면 가장 먼저 떠올리는 것이 전쟁과 테러다. 무슬림 가운데 강경 무슬림의 수는 10% 정도로 추정된다. 무슬림들은 모두 무섭고 두려운 존재가 아니다.

둘째, 무함마드와 꾸란에 대해서 부정적인 말을 하지 말자. 무함마드와 꾸란에 대해 부정적으로 말하는 것은 무슬림에 대한 인격 모독이 되는 것이다.

셋째, 이슬람 경전 꾸란을 함부로 다루지 마라. 무슬림들은 꾸란을 매우 존경한다. 심지어 그들은 손을 씻지 않고서는 꾸란을 만지지도 않는다.

넷째, 혼자서 무슬림 이성(異性)과 만나지 마라. 이슬람은 한국이

나 서양처럼 이성에게 자연스럽게 이야기를 나누거나 함께 일을 하는 사회가 아니다.

다섯째, 무슬림 앞에 돼지고기 또는 술을 먹거나 대접하지 마라.

여섯째, 삼위일체나 하나님의 아들이란 용어의 사용을 주의하라. 이슬람에서는 기독교는 '알라(Allah)가 아닌 세 명의 신'을 섬긴다고 비판한다.

일곱째, 기독교의 부정적인 부분들을 이야기하지 마라. 무슬림이 교파나 교단의 모습, 기독교 목회자와 성도들의 문제점들을 지적하거나 질문하면 함께 동조하여 비판하지 않는 것이 좋다. 무슬림이 바라본 기독교는 변질된 성경을 믿고 있는 어리석은 자들로 인식하기 때문이다.

1. 지구촌의 세계화와 SNS 확산으로 인한 빠른 시대적 움직임은 이슬람 사회에 어떤 영향을 주었으며, 현재 젊은 무슬림의 변화된 모습은 무엇이라고 생각하는가?

 2. 무슬림을 향한 이슬람포비아의 원인과 이들의 반응은 어떠한가? 또한 이슬람포비아로 무슬림을 바라볼 때 어떤 문제점이 나타날 수 있는가?

3. 유럽에는 무슬림 이주민이 정착하며 나타난 사회적 갈등과 이슈들이 있다. 무슬림 공동체와 함께 사회의 일원으로 평화롭게 살 수 있는 방법은 무엇이라고 생각하는가? 이슬람의 '살람(peace)'과 기독교의 '샬롬(peace)'이 말하는 공통점과 차이점은 무엇인가?

4. 꾸란의 절대성을 인정하는 무슬림은, 아래 구절을 어떻게 해석하고 적용할 수 있는가? 시대의 변함에 따른 꾸란의 해석과 적용은 무엇일지 생각해 보자

(꾸란 9:29) 하나님과 내세를 믿지 아니하며 하나님과 선지자가 금기한 것을 지키지 아니하고 진리의 종교를 따르지 아니한 자들에게 비록 그들이 성서의 백성이라 하더라도 항복하여 인두세를 지불 할 때까지 성전하라 그들은 스스로 저주스러움을 느끼리라

인카운터 무슬림

1. M사역 10가지 방법

사회의 변화로 인해 우리는 주변에서 많은 무슬림을 만날 수 있게 되었다. 그러나 사람들은 이슬람과 무슬림에 관한 잘못된 인식으로 대화 자체를 두려워하는 이들도 많이 있다. 우리 이웃으로 살아가는 무슬림들에 대해 열린 마음으로 대화하고 교제하는 것이 중요하다.

1) **마음을 공유하는 친구가 되자.** 내가 그를 인정하면 상대방도 나를 존중한다. 이슬람 사회에서 가족 다음으로 중요한 가치는 친구 관계이다.

2) **진실한 사랑을 표현하자.** 이슬람 문화권에서 사랑은 오직 말로 하지 않는다. 방문, 교제, 선물 등 다양한 방법으로 사랑이 표현되고 전달될 수 있다.

3) **공동의 관심사를 나누자.** 즉 천국과 죄에 관한 질문을 해 보자. 그러나 절대 예수를 통해서만 죄사함과 천국 갈 수 있다는 성경적 원리를 처음부터 강조해서는 안 된다.

4) **상대방을 존중하자.** 남성들은 수염을 기르고 여성들은 히잡을 쓴다. 우리와 다른 문화에 대해 이해하고 수용할 준비가 되어야 한다.

5) **개인 간증을 나누자.** 무슬림 전도에서 나의 진실한 간증은 많은 효과를 나타낸다. 우리가 기독교인이 된 이유는 우리의 삶 속에 어떤 변화가 일어났기 때문이다.

6) **공부하고 경험하자.** 이슬람과 무슬림에 대한 기본 지식을 반드시 갖추고 있어야 한다. 이것은 상대방에 대한 배려이며 존중이다. 그리고 이슬람 사원도 방문해 본다.

7) **복음에 대해 설명할 준비를 한다.** 예수에 대해 설명하면 무슬림은 꾸란의 관점에서 예수를 이해할 것이다.

8) **그들의 언어로 된 전도지를 준비하자.** 우리가 구두로 전하는 복음과 함께 자신들의 언어로 된 전도지가 전달되는 것이 효과 있다.

9) **대화가 어렵다고 포기하지 말고 인내하자.** 한 영혼이 돌아오는 것은 우리의 노력이 아니라 주님의 시간에 결정되는 것이다. 우리는 단지 끝까지 순종하는 자세가 중요하다.

10) **기도가 가장 중요하다.** 이슬람 사회는 다른 사회보다 더 강한 가족, 친족, 사회 공동체를 구성하고 있다. 한 사람의 구원받는 것은 많은 핍박 또는 그를 통한 가족, 친족의 복음 전파 통로가 될 수 있다.

2. M사역 14가지 금기 사항

무슬림을 만날 때 반드시 지켜야 할 중요한 사항들이다. 무슬림은 꾸란과 하디스를 통해 우리가 생각하는 것 이상의 이슬람 가치들과 세계관을 갖고 있고, 경전과 율법을 중심으로 세상과 더불어 살기 원한다.

1) 꾸란을 비판하거나 **부정적으로 묘사하는 것**(유일한 하늘의 경전이라는 믿음)

2) 꾸란을 바닥에 두거나, **허리 아래에 두는 것**(신성모독)

3) 꾸란을 사용하여 상대방의 **신앙을 무시하는 것**

4) "당신은 어떻게 생각하세요?" 하며 꾸란과 성경을 비교한 후 **질문하는 것**

5) 선지자 무함마드를 표현할 때 **가볍거나 비판적으로 표현하는 것**

6) 이슬람에 대해 **부정적으로 말하는 것**

7) 대화할 때 성경구절을 맥락과 **상황 없이 설명하는 것**

8) 복장에 대한 **주의가 없는 것**(짧은 치마, 반바지, 가슴이 비치는 옷, 발목 보이는 치마 등)

9) 대화가 논쟁으로 변질되지 않도록 **주의하는 것**

10) 무슬림 이성을 만지거나 눈을 **마주치는 것**

11) 그들에게 돼지 고기를 추천하거나 **제공하는 것**

12) 상대방을 속이거나 방어를 위한 **거짓 행동**(나이, 결혼, 자녀, 집이나 자동차 등)

13) 무슬림을 **두려워하는 것**

14) 무슬림을 만나면 전도부터 생각하고 **접근하는 것**

잃어버린 형제 이스마엘

3. 무슬림과 대화의 실제

이슬람은 기독교에 대한 잘못된 정보로 인해 그리스도인에 대한 착각과 오해가 있다. 무슬림들은 기독교인들이 무슬림과 매우 다른 신을 섬기며 잘못된 길을 간다고 믿는다. 무슬림은 자신들의 신과 경전, 선지자에 대한 자부심이 매우 강하고, 타 종교에 대한 배타성을 자주 드러낸다.

우리 주변에 살고 있는 무슬림은 기독교에 대해 실제적으로 어떤 마음을 가지고 있을까? 우리가 경험하는 무슬림들은 그리스도인을 어떤 시각으로 바라보는가? 우리가 무슬림을 향하여 그리스도의 사랑을 나누고 전할 목적이 있다면, 무엇보다 이들의 마음을 이해하고 파악하는 것이 중요하다. 과연 잃어버린 우리의 형제들은 어떤 오해를 하고 있을까?

- 하나님은 아들이 없다.
- 예수는 십자가에서 죽지 않았다.
- 예수는 인류의 구세주가 아니다.
- 예수를 통해 죄가 사함 받지 않는다.
- 예수는 천국 가는 유일한 길이 아니다.

- 예수는 신이 아니다.
- 예수는 선지가 가운데 한 명이다.
- 예수는 무슬림이다.
- 기독교인들은 성경을 변질시켰다.

A. 무슬림이 할 수 있는 3가지 보편적 질문

　무슬림들은 기독교인을 향한 여러 가지 질문 가운데 다음과 같은 3
가지를 매우 궁금해한다. 무슬림의 질문 속에는 당신이 이슬람에 대
해 어떤 생각을 하고 있는지 또한 계속해서 당신과 만남을 가질 필요
가 있는지 파악하기 위한 의도가 있다. 이때 우리의 태도는 어때야 하
는가? 우리의 진실된 마음을 이들에게 보여 주면 된다. 하지만 굳이
내가 생각하는 이슬람의 모습 가운데 부정적인 것을 부각하여 상대
방을 공격하는 것은 결코 옳지 않다.

　무슬림을 전도하기 원한다면, 첫째, 지혜가 있어야 한다. 둘째, 무
슬림을 향한 담대한 마음이다. 셋째, 긍휼의 마음으로 그들을 존중하
는 태도이다. 아래는 우리가 무슬림과 대화하며 나눌 수 있는 내용이
지만 정답은 아니다. 상황에 따라 지혜가 필요하다.

1) 선지자 무함마드를 믿습니까?

[대답]

　저는 무함마드를 저의 선지자로 여기고 있지 않습니다. 그러나 그
가 그 당시 훌륭한 종교 지도자, 사회 개혁가, 정치가, 국가 지도자였

다는 사실에 존경합니다. 특히 종교적으로는, 우상숭배하는 자들 앞에서 유일하신 하나님만을 예배하도록 과감히 주장했고 또 저의 주인이신 예수(이사)에 대해 좋은 말들을 많이 했습니다. 그래서 저는 무함마드를 존경합니다. 제 생각보다는 무함마드 스스로 한 말을 함께 보면 좋겠습니다.

> (꾸란 46:9) 나는 나와 너에게 일어날 일을 모른다 나는 많은 선지자 중에 하나이다 나는 단지 평범한 경고자에 불과하다 나는 새로운 교리를 전하는 자가 아니며, 또 내게 그리고 너희에게 어떤 일이 있을런지 나는 모르도다 나는 다만 계시된 것을 따르는 자로 단순한 경고자에 불과하니라

[제안]

흔히 이런 질문에 기독교인들은 "나는 무함마드를 믿지 않습니다."라고 딱 잘라 말한다. 또 그렇게 말하고 싶기도 하다. 왜냐하면 그 질문이 내가 무함마드를 숭배하느냐로 들리기 때문이다. 그렇게 대답하지 않으면 내 신앙을 부인하는 것 같은 느낌이 들거나 또 마치 내가 동조자가 되어 배교자가 되는 듯한 신앙적 양심이 마음에 느껴지기 때문이기도 하다.

솔직한 대답이 오히려 무슬림 형제의 기분을 맞추려는 다른 여러 설명보다 낫다. 상대방을 잘 이해시키기 위한 고려는 중요하지만 그

것에 집착하다 보면 성경의 구절이 아닌 인간적 생각으로 설득하려는 힘든 고생을 할 수 있다. 오히려 성경 구절을 중심으로 답을 제시하고 그 외의 설명은 성령님의 인도하심을 따를 것이다.

[결론]

우리가 무슬림을 만날 때 아래와 같이 관용적인 마음으로 다가서며 그들과 대화를 끌어 간다면 상대방도 당신에 대해 마음을 열고 대화를 준비할 것이다. 또한 무슬림에게 일방적으로 기회를 주는 것보다 자신의 신앙을 그들 앞에서 표현하는 것도 좋다.

(1) 저는 당신의 선지자 무함마드에 대해 잘 모릅니다. 좀 설명해 주실 수 있으시겠습니까?

(2) 무함마드에 대해 잘 몰라서 뭐라고 대답할 수 없습니다.

(3) 무함마드는 당신이 믿는 이슬람교의 선지자라고는 알고 있는데 저는 예수를 선지자요 구세주로 믿고 따르며 한 하나님을 믿지만 무함마드를 따르거나 믿지는 않습니다 라고 대답할 수 있을 것이다.

2) 유일한 경전 꾸란을 어떻게 생각하십니까?

[대답]

저는 꾸란과 성경 사이에 닮은 부분과 다른 부분들이 있다고 생각합니다. 같은 부분은 하나님은 한 분이시고 통치자이시고 심판자시라는 부분이며 이사를 통해 심판하시겠다는 것입니다. 다른 부분은 어떻게 하나님께 다가갈 수 있는 가에 대한 것입니다. 이슬람을 포함한 다른 모든 종교는 인간이 하나님께 다가가는 것을 얘기하지만, 성경은 하나님께서 인간에게 어떻게 왜 오셨는가를 얘기합니다.

하나님은 이사를 모든 사람을 위한 구세주로 이 땅에 보내셨습니다. 그는 모든 사람을 위한 희생양(고르반)입니다. 그를 믿음으로 죄가 용서함 받고 영생을 얻으며 지옥에서 천국으로 갈 수 있다고 성경에 기록되어 있습니다.

[결론]

우리가 SNS와 미디어로 접하는 무슬림의 행동의 근거가 꾸란에 있음을 알고 있다. 그러나 여전히 많은 수의 무슬림들은 꾸란을 읽지 않고 이슬람 배경으로 살아가는 사람이 대부분이다. 또한 뉴스에 많이 등장하는 테러리스트의 근본적 배경도 꾸란임을 그들은 스스로 증언하고 있다.

따라서 꾸란을 이야기할 때 부정적인 부분을 강하게 주장하여 무슬림으로 하여금 모욕적인 느낌을 받지 않도록 주의해야 한다. 왜냐하면 무슬림들은 꾸란의 양면성을 알지만 그것을 테러리스트와 연결하는 것을 매우 불편해하기 때문이다.

3) 예수의 제자라면 당신도 무슬림입니까?

꾸란은 예수를 믿는 사람들에게 나를 따르라고 분명히 이야기하고 가르칩니다. 그런데 왜 당신들은 무슬림이 되지 않습니까? 꾸란에서 예수는 그의 제자들에게 말합니다.

> (꾸란 3:52) 예수가 그들의 불신을 알고 소리쳐 가로되 누가 하나님의 편에서 나를 따를 것인가 그들이 대답하여 가로되 저희는 하나님을 따르는 자들이며 하나님을 믿고 저희가 무슬림임을 증언하나이다 라고 하더라

[대답]

저는 그리스도인입니다. 제가 예수를 따르고 당신의 종교와 선지자를 따르지 않는다는 것을 의미하지요 만약 '무슬림'의 본의미인 '하나님께 복종하는 자'로서의 무슬림을 의미한다면 저는 이미 무슬림입니다. 저는 하나님께 제 삶을 드려 복종했고 또 메시아 예수의 피를 통해 이미 깨끗해졌기 때문입니다. 즉 예수도 무슬림이고 예수를 따르는 자들을 무슬림이라면, 저는 이사 무슬림(예수를 구세주로 따르는 무슬림)이라 할 수 있겠습니다.

(마 28:20) 내가 너희에게 분부한 모든 것을 가르쳐 지키게 하라 볼

지어다 내가 세상 끝날까지 너희와 항상 함께 있으리라 하시니라

[결론]

꾸란은 무함마드를 통해 세상에 전해졌고 많은 제자들을 통해 확장되었다. 그러나 꾸란에 대한 검증을 진행하면 원본에 대한 고증적 자료, 역사적 흔적들이 부족하다. 즉 사회적 방법론인 육하원칙을 적용해도 꾸란이 하늘로부터 온 성경임을 증명하거나 믿을 수 있는 근거가 부족하다는 것이다. 우리가 성경을 믿고 그리스도인이 된 것은 전적인 성령의 인도하심과 하나님의 계획이다 또한 성경을 어떻게 신뢰할 수 있는지에 대한 근거를 역사적, 과학적 또한 사회적 분석을 적용해도 충분히 증명할 수 있는 방법이 충분하다. 이것이 우리가 그리스도인으로 살아가는 이유 가운데 하나이다.

잃어버린 형제 이스마엘

B. 무슬림이 비판하는 이슈

1) 성경은 변질되었다.

[이슬람]

모든 선지자에게 내린 하나님의 계시는 똑같다. 그러나 유대인과 기독교인들이 성경을 변질시켰다. 이것이 기독교인들의 가장 큰 문제이다. 하나님의 말씀은 결코 변질될 수 없다. 성경은 하나님 스스로 지키고, 누구도 하나님의 말씀을 변하게 할 수 없다. 꾸란은 선지자 무함마드로부터 전승된 이후 단 한 번도 성경의 내용이 변형된 적이 없다. 이것이 이슬람이고, 꾸란이다.

> (꾸란 4:163) 실로 하나님은 그대에게 계시하였거늘 이는 노아나 그 이후 예언자들에게 계시한 것과 같으며 또한 아브라함과 이스마엘과 이삭과 야곱과 그의 후손과 예수와 유누스와 하룬과 솔로몬에게 계시한 것과 같으며 다윗에게 시편을 내린것과도 같으니라
> (꾸란 10:64) 현세와 내세에서 복이 있을 것이요 하나님의 말씀을 변조치 아니하니 그것이 위대한 승리라

[기독교]

성경은 인간이 변질시킨 것이 아니다. 성경은 하나님께서 인류에게 허락하신 거룩한 말씀이다. 성경의 예언과 말씀은 성령의 감동으로 하나님이 택한 종들을 통해 전해졌고 기록된 것이다.

> (딤후 3:16) 모든 성경은 하나님의 감동으로 된 것으로 교훈과 책망
> 과 바르게 함과 의로 교육하기에 유익하니
> (벧후 1:20) 먼저 알 것은 성경의 모든 예언은 사사로이 풀 것이 아니
> 니 예언은 언제든지 사람의 뜻으로 낸 것이 아니요 오직 성령의 감
> 동하심을 받은 사람들이 하나님께 받아 말한 것임이라

[결론]

이슬람은 꾸란에 대한 자부심이 대단하다. 무슬림은 그리스도인이 생각하는 성경과는 다른 차원에서 꾸란을 읽고 집안에 보관한다. 무슬림이 성경을 모욕한다 해서 우리가 꾸란에 대한 부정적 표현을 하게 되면, 이것은 즉시 무슬림과 이슬람에 대한 모독으로 간주된다.

무슬림에게 꾸란은 단순히 예배할 때 사용하는 경전이 아니다. 누군가 꾸란에 대한 부정적 메시지를 던지는 것은 이슬람과 모든 무슬림을 향한 도전으로 받아들인다. 우리가 다양한 뉴스에서 경험하는 이슬람 국가들과 서방 세계의 갈등의 원인 가운데 하나가 꾸란에 대한 비방이다.

자유 민주국가에 거주하는 한 개인의 꾸란에 대한 표현이 무슬림에게 모독으로 취급될 때, 결과는 국가 간의 외교 단절과 테러로 연결되기도 한다.

2) 이슬람은 세 신을 섬기지 않는다.

[이슬람]

기독교인들은 아버지 신, 영적인 신(성령), 아들 신(예수)의 3신을 믿고 있다. 이것이 기독교와 이슬람의 가장 큰 차이점이다. 꾸란은 알라(Allah)는 본인 한 분뿐임을 강조하고 있다.

> (꾸란 4:171) 성서의 백성들이여 너희 종교의 한계를 넘지 말며 하나님에 대한 진실 외에는 말하지 말라 실로 예수그리스도는 마리아의 아들이자 하나님의 선지자로서 마리아에게 말씀이 있었으니 이는 주님의 영혼이었노라 하나님과 선지자들을 믿되 삼위일체설을 말하지 말라 너희에게 복이 되리라 실로 하나님은 단 한 분이시니 그분에게는 아들이 있을 수 없노라 천지의 삼라만상이 그분의 것이니 보호자는 하나님만으로 충분하니라
> (꾸란 6:101) 그분께는 배우자가 없는데 어떻게 자손이 있느뇨
> (꾸란 112:3) 성부와 성자도 두지 않으셨으며 그분과 대등한 것 세상에 없노라

(꾸란 29:46) 우리는 우리에게 계시된 것과 너희에게 계시된 것을 믿
노라 우리의 하나님과 너희의 하나님은 같은 하나님이시니 우리는
그분께 순종함이라

[기독교]

이슬람은 예수에 관한 아들의 묘사를 오직 육신적 관점으로 이해하
고 해석하고 있다. 따라서 기독교의 삼위일체론을 이해할 수 없다.

(요 1:1) 태초에 말씀이 계시니라 이 말씀이 하나님과 함께 계셨으니
이 말씀은 곧 하나님이시니라

(요 1:14) 말씀이 육신이 되어 우리 가운데 거하시매 우리가 그 영광
을 보니 아버지의 독생자의 영광이요 은혜와 진리가 충만하더라

(요일 5:20) 또 아는 것은 하나님의 아들이 이르러 우리에게 지각을
주사 우리로 참된 자를 알게 하신 것과 또한 우리가 참된 자 곧 그의
아들 우리 주 예수 그리스도 안에 있는 것이니, 그는 참 하나님이시
요 영생이시라

(요 1:12) 영접하는 자 곧 그 이름을 믿는 자들에게는 하나님의 자녀
가 되는 권세를 주셨으니

(행 4:12) 다른 이로써는 구원을 받을 수 없나니 천하 사람 중에 구원
을 받을 만한 다른 이름을 우리에게 주신 일이 없음이라 하였다

[결론]

이슬람은 기독교의 삼위일체 이론을 알지 못한다. 삼위일체란 용어는 성경에도 나오지 않아 기독교인에게도 어려운 주제이기도 하다. 그럼에도 성경은 성부, 성자, 성령의 삼위일체 하나님 되심을 명확하게 설명하고 있다. 오히려 이슬람이 바라보는 육체적 관점의 삼위일체론은 기독교에서도 인정하지 않는 이론이다. 하나님에게 아내가 있고, 그 둘 사이에 자녀가 태어났는데 아들이었다는 논리는 성경을 알지 못해 발생하는 오해인 것이다.

그렇다면 무슬림에게 삼위일체를 어떻게 설명할 것인가? 정답은 성경 외에 답이 없다. 성경을 읽다 보면 하나님 되시는 예수 그리스도와 성령께서 하나되어 인류 구원을 위한 놀라운 일들이 진행됨을 알 수 있다. 삼위일체를 설명할 때 성령께서 전하는 자와 듣는 자의 마음을 열어 주시도록 기도해야 한다.

3) 예수는 신이 아니다.

[이슬람]

예수는 신이 아니고 단지 이슬람의 선지자 가운데 한 분이다. 그러나 기독교는 선지자를 신으로 변형시켜 경배하고 그 앞에서 기도한다. 예수는 신이 아니고 하나님으로부터 사명받고 내려온 하나님의 종일 뿐이다.

(꾸란 4:170-171) 백성들이여 선지자께서 너희를 위하여 주님으로부터 진리를 갖고 오셨으니 이를 믿으라 그러면 너희에게 복이 되리라 성서의 백성들이여 너희 종교의 한계를 넘지 말며 하나님에 대한 진실 외에는 말하지 말라 실로 예수그리스도는 마리아의 아들이자 하나님의 선지자로서 마리아에게 말씀이 있었으니 이는 주님의 영혼이었노라 하나님과 선지자들을 믿되 삼위일체설을 말하지 말라 너희에게 복이 되리라 실로 하나님은 단 한분이시니 그분에게는 아들이 있을 수 없노라 천지의 삼라만상이 그분의 것이니 보호자는 하나님만으로 충분하니라

[기독교]

예수는 자신에 대해 직접 그리고 간접적으로 말씀하셨다. 나는 단지 인간으로 세상에 온 것이 아니라 소망 없는 사람들에게 천국의 길을 보여 주기 위함이다.

(요 10:30) 나와 아버지는 하나이니라 하신대

(요 8:58) 예수께서 이르시되 진실로 진실로 너희에게 이르노니 아브라함이 나기 전부터 내가 있느니라

(요 1:1) 태초에 말씀이 계시니라 이 말씀이 하나님과 함께 계셨으니 이 말씀은 곧 하나님이시니라

(요 1:14) 말씀이 육신이 되어 우리 가운데 거하시매 우리가 그의 영

광을 보니 아버지의 독생자의 영광이요 은혜와 진리가 충만하더라

[결론]

우리가 믿는 예수는 하나님과 하나이심을 늘 강조하셨다. 예수에 관한 내용은 신약 성경에 처음 등장한 것이 아니고, 구약의 수많은 선지자를 통하여 장차 올 메시아에 대한 언급이 있었고, 이것이 예수를 지칭하는 것임을 말하는 것이다.

예수는 단순히 한 시대의 선지자로 처녀 마리아를 통해 태어난 것이 아니고, 본래 하나님의 본체시나 인류를 구원하기 위해 인간의 모습으로 이 땅을 향한 당신의 뜻을 이루실 목적이 있으셨다. 성경의 구약과 신약을 읽다 보면 예수가 신이 아니다는 증거를 찾기가 더 어려운 것이 사실이다.

4) 예수는 십자가에서 죽지 않았다.

예수의 십자가 사건에 대해 이슬람과 기독교의 이해가 다른 것을 알 수 있다. 이슬람은 예수는 메시아가 아니며, 십자가에서 죽지 않았다고 꾸란을 근거로 강하게 주장한다. 그리고 십자가에서 죽은 사람은 예수가 아니라 비슷한 사람이 죽었다고 주장한다.

[이슬람]

예수는 십자가에서 죽지 않았다. 사람들은 자신들이 예수를 신성화하기 위해 꾸며낸 이야기를 사실로 알고 있다. 예수는 알라(Allah)의 은혜로 승천하였으나 다시 재림을 할 것이고 그 이후에 죽을 것임을 꾸란은 말하고 있다.

> (꾸란 4:157) 마리아의 아들이며 하나님의 선지자의 예수 그리스도를 우리가 살해하였다라고 그들이 주장하더라 그러나 그들은 그를 살해하지 아니하였고 십자가에 못박지 아니했으며 그와 같은 형상을 만들었을 뿐이라 이에 의견을 달리하는 자들은 의심이며 그들이 알지 못하고 그렇게 추측을 할 뿐 그를 살해하지 아니했노라
>
> (꾸란 4:159) 성서의 백성들은 그가 죽기 전에 그가 심판의 날 그들에게 불리한 증언을 할 것이라는 것을 믿노라

[기독교]

예수는 십자가에서 죽었다. 예수의 십자가 사건은 구약의 선지자들로부터 예언되었고 인류를 구원하기 위한 하나님의 놀라운 계획이다.

> (마 20:28) 인자가 온 것은 섬김을 받으려 함이 아니라 도리어 섬기려 하고 자기 목숨을 많은 사람의 대속물로 주려 함이니라
>
> (사 53:5) 그가 찔림은 우리의 허물을 인함이요 그가 상함은 우리의

죄악을 인함이라 그가 징계를 받음으로 우리가 평화를 누리고 그가
채찍에 맞음으로 우리가 나음을 입었도다

(눅 22:70) 네가 하나님의 아들이냐 대답하시되 너희 말과 같이 내가
그니라

[결론]

예수의 십자가 사건은 너무도 분명한 역사적 증거를 가지고 있다. 특히 구약의 예언과 신약의 성취 과정은 놀랍도록 일치됨을 볼 수 있다. 현대 사회가 말하는 육하원칙(언제, 어디서, 어떻게, 누가, 무엇을, 왜)을 적용해도 십자가 사건은 사실로 규명된다.

이것은 예수의 십자가 사건이 단지 꾸며낸 이야기가 아닌 역사적 사실이며 수 많은 증인들을 통한 명백한 사실적 증거라는 것을 말한다. 반면 꾸란의 내용들은 단편적인 스토리가 연결된 것임을 볼 수 있다. 흔히 말하는 육하원칙을 적용해도 그 스토리 전개에 설득력이 없는 것을 쉽게 발견할 수 있다.

성경의 내용을 보면 수 많은 사람들의 십자가 증언이 사실이 아니라고 말하기에는 너무도 정확하고 근거 있는 표현들이 사실적으로 묘사되어 있음을 알 수 있고, 결정적으로 예수 부활에 대한 증인들이 수없이 많고 성경에 정확이 기록되어 있다.

5) 하나님 영광에 들어가는 것은 어렵다.

성경이나 꾸란은 동일하게 인간은 죄인이라고 말하고 있다. 심지어 무함마드나 선지자를 포함한 무슬림 모두가 다 잘못을 저질렀고 용서를 구해야 한다고 말하고 있다. 꾸란을 보면 인간은 모두가 지옥으로 갈 것이지만, 오직 행위의 결과가 최후의 심판대에서 천국과 지옥의 길을 결정한다는 것이다. 이슬람에서 무함마드의 언행록인 하디스에는 지옥에서 마땅한 벌을 받은 후에는 천국으로 간다고 되어 있다고 하나 그것은 단지 사람의 말과 바람일 뿐 하나님이 보장하시는 것은 아니다.

그러나 성경은 행위의 가치로 결정되는 것이 천국과 지옥이 아님을 말한다. 오직 예수를 향한 믿음으로 인한 구원을 약속하고 있다.

● Quran

(꾸란 47:19) 그러므로 하나님 외에 신이 없음을 알라 그리고 그대 (무함마드)의 잘못과 믿는 남성과 믿는 여성의 잘못을 위해 용서를 구하라 하나님은 너희의 잘못과 너희의 거주할 곳을 알고 계심이라

(꾸란 16:61) 하나님께서 사람들을 그들의 죄악으로 벌을 주시려 하셨다면 그 분은 어떤 살아 있는 생명체도 남기지 아니하셨으리라

(꾸란 33:72) 하나님이 하늘과 대지와 산들에 신뢰를 보였으나 그것들은 그렇게 하기를 거절하였으니 두려웠기 때문이라 그러나 사람

잃어버린 형제 이스마엘

들은 그렇게 하였으니 실로 그는 정직하지 못하고 어리석은 자였더
라

● Bible

(롬 3:9-10) 9 그러면 어떠하뇨 우리는 나으뇨 결코 아니라 유대인이
나 헬라인이나 다 죄아래 있다고 우리가 이미 선언하였느니라 10 기
록된바 의인은 없나니 하나도 없으며 선을 행하는 자 없나니 하나도
없도다

(롬 3:23) 모든 사람이 죄를 범하였으매 하나님의 영광에 이르지 못
하더니

[결론]

　이슬람은 인간의 원죄를 인정하지 않는다. 무슬림은 죄를 살면서
잘못된 행동에 따라 발생되는 결과로 받아들인다. 이슬람의 천국관
은 그 사람의 행위가 율법적으로 완전하고 스스로 착하게 산다고 인
정하면 그는 천국에 갈 수 있을 것이라고 믿는 것이다. 하지만 이것도
마지막에 알라(Allah)가 판단한다는 것이다. 자신에게 아무리 믿음이
있어도 그것은 인간의 몫이 아닌 알라(Allah)의 결정에 따라 천국이
주어진다고 믿는다.

　무슬림들은 천국을 가기 위해 오행육신을 일생 동안 지키며 살아가
야 하는 율법적 기준의 선함을 마지막까지 기억해야 한다. 예수를 믿

음으로 성령의 인도함을 받아 행해지는 은혜로운 삶이 아니라 율법을 지킴으로 자신의 선행을 인정받아야 하는 구속된 삶을 살아가는 것이다.

6) 예수는 구세주가 아니다.

예수(이사)는 신이 아니다. 단지 인간으로서 선지자 중 하나일 뿐이다. 예수는 우리와 같은 사람이고, 단지 신의 충성스런 선지자일 뿐이다. 하나님은 한 분이다. 꾸란은 알라(Allah)가 자신을 인간으로 계시하지 않았을 뿐 아니라 할 수 없다고 말한다. 그분에게 배우자가 없는데 어찌 아들이 있을 수 있는가? 그리고 어떻게 신이 인간으로 오실 수 있는가? 이유가 없다. 그리고 선지자 예수는 자신은 무슬림이라고 분명히 정체성을 드러냈다.

● Quran

(꾸란 3:45) 천사들이 말하길 마리아여 하나님께서 너에게 말씀으로 복음을 주시니 마리아의 아들로서 그의 이름은 메시아 예수이니라 그는 현세와 내세에서 훌륭한 주인이시요 하나님과 가까이 있는 자 가운데 한 분이라

(꾸란 3:79) 하나님으로부터 그 성서와 지혜와 예언자의 직분을 받은 한 인간이 백성들에게 하나님 대신 나를 경배하라 하지 아니하고

잃어버린 형제 이스마엘

오히려 학자가 되어 성서를 연구하고 가르치라고 하더라

● Bible

(빌 2:6-11) 6 그는 근본 하나님의 본체시나 하나님과 동등 됨을 취할 것으로 여기지 아니하시고 7 오히려 자기를 비워 종의 형체를 가지사 사람들과 같이 되셨고 8 사람의 모양으로 나타나사 자기를 낮추시고 죽기까지 복종하셨으니 곧 십자가에 죽으심이라 9 이러므로 하나님이 그를 지극히 높여 모든 이름 위에 뛰어난 이름을 주사 10 하늘에 있는 자들과 땅에 있는 자들과 땅 아래에 있는 자들로 모든 무릎을 예수의 이름에 꿇게 하시고 11 모든 입으로 예수 그리스도를 주라 시인하여 하나님 아버지께 영광을 돌리게 하셨느니라

[결론]

성경의 진리 중 일반 사람들이 이해하기 힘든 부분들이 있는데 그것은 첫째는 삼위일체이고, 둘째는 예수의 신성과 인성의 공존에 대한 것이다. 이 둘은 같은 이야기다. 특히 꾸란은 기독교를 세 신을 믿는 다신교로 오해하고 있고 그 가르침을 받은 무슬림들은 더 적극적으로 예수의 신성을 반대한다. 이는 무슬림들이 단성화된 유일신 사상을 믿는 사람들이기에 가장 어려운 부분이기도 하다.

그러나 성경은 예수가 하나님과 본체이심을 분명히 증거한다. 구약의 약속과 신약의 실천들, 메시아 탄생과 죽음 그리고 부활을 통한 구

약의 약속들은 예수를 통하여 온전히 성취되었다.

7) 예수는 기적과 이적, 창조의 능력도 있는 특별한 선지자다.

예수는 하나님의 특별한 은사를 받은 선지자다. 하나님이 만일 사람을 택하여 은혜를 주신다면 어느 누구도 예수와 같은 역할을 감당할 수 있다. 하나님이 굳이 이 땅에 인간의 모습으로 내려와 십자가에 죽을 이유도 없다. 만일 십자가 사건이 하나님의 죽음과 연결된다면 그는 더 이상 하나님의 신적 권위를 가질 수 없을 것이다.

● Quran
(꾸란 2:253) 하나님은 마리아의 아들 예수에게 예증을 주어 성령으로 강하게 하였느니라
(꾸란 5:110) 나는 주님으로부터 예증을 받았노라 내가 너희를 위하여 진흙으로 새를 만들어 숨을 불어 넣으면 하나님의 허락으로 새가 될 것이라 하나님이 허락하실 때 나는 장님과 문둥이를 낫게 하며 하나님의 허락으로 죽은 자를 살게 하며 너희가 무엇을 먹으며 무엇을 집안에 축적하는 가를 너희에게 알려 주리라

● Bible
(막 1:41-42) 41 예수께서 손을 내밀어 저에게 대시며 가라사대 내

잃어버린 형제 이스마엘

가 원하노니 깨끗함을 받으라 하신대 42 곧 문둥병이 그 사람에게서 떠나가고 깨끗하여 진지라

(눅 7:14-15) 14 가까이 오사 그 관에 손을 대시니 맨 자들이 서는지라 예수께서 가라사대 청년아 내가 네게 말하노니 일어나라 하시매 15 죽었던 자가 일어 앉고 말도 하거늘 예수께서 그를 어미에게 주신대

[결론]

꾸란에 나오는 수많은 선지자 가운데 병 고침과 창조까지 진행한 사람은 없다. 오직 신의 영역인 창조가 진행된 것은 예수의 정체성을 드러내는 부분이었다. 하지만 이슬람은 이 부분을 인정하지 않는다. 따라서 예수를 믿는 것이 하나님과 연결됨을 알지 못한다.

예수를 통해 하나님을 볼 수 있고, 그를 통해 행위가 아닌 구원의 길을 발견할 수 있는 것은 우리의 지혜와 노력과는 상관없다. 전적인 하나님의 은혜와 죄인을 향한 긍휼의 마음 즉 하나님의 선하심과 죄에 대한 진노의 결과라고 할 수 있다.

8) 사람은 선한 행위로 천국 갈 수 있다.

아무리 착한 일을 많이 해도 죄가 하나라도 있으면 천국에 가지 못하나? 아니면 착한 일을 하면 그 수만큼 혹은 그보다 더 많이 죄가 상

쇄되어 없어져서 천국에 갈 수 있나? 아니면 믿음으로만 가는 것이 천국인가?

● Quran

(꾸란 2:81) 사악을 저지르는 자 죄악이 그를 포섭하니 그는 불지옥의 주인이 되어 그곳에서 영원히 기거 하리라

(꾸란 29:7) 믿음을 갖고 선을 행하는 자를 위해 하나님은 그들의 모든 죄를 사하여 줄 것이며

(꾸란 18:107) 그러나 믿음으로 선을 행하는 이들은 가장 높은 천국을 가질 것이라

● Bible

(딛 3:5) 우리를 구원하시되 우리의 행한바 의로운 행위로 말미암지 아니하고 오직 긍휼하심을 좇아 중생의 씻음과 성령의 새롭게 하심으로 하셨나니

(행 4:12) 다른 이로써는 구원을 받을 수 없나니 천하 사람 중에 구원을 받을 만한 다른 이름을 우리에게 주신 일이 없음이라 하였다

[결론]

학자들은 성경에 대한 변증방법으로 이성적인 방법 (언제, 누가, 왜, 어디를, 어떻게)과 역사적, 과학적 방법을 제시할 수 있다. 이 가

잃어버린 형제 이스마엘

운데 하나인 역사적 방법의 검증을 위한 사본들[41]은 다음과 같이 잘 보관되어 있다. 반면 이슬람의 꾸란은 이성적 또는 역사적 방법으로 증명할 수 있는 길이 없다. 그러나 무슬림들과 말할 때는 상대를 반박할 목적으로 꾸란과 그들의 선지자에 대한 모욕적인 발언을 팩트체크라는 관점으로 강하게 주장할 때도 주의할 필요가 있다.

따라서 무슬림들은 열심히 선행을 쌓고 경건해지고자 한다. 그러나 그 누가 이 기준을 채울 수 있겠는가? 또 모든 죄가 용서 받았는지에는 대해 알 수 없어 마지막 날 알라(Allah) 앞에 서서 심판의 결과를 보고 내 죄가 용서되었는지 아닌지 알 수 있다고 말한다.

---

41) 알렉산드리아 사본(Codex Alexandria): A.D 5. 전체를 담고 있음. 시내 사본(codex Sinaiticus): A.D 4. 신약 전체와 구약 일부를 영국 도서관 소장. 바티칸 사본(codex Vaticanus): A.D 4. 성경 전체를 담고 있는 가장 오래된 사본으로 로마 바티칸 소장.

C. 무슬림과 대화하기

1) 이슬람의 알라(Allah)와 기독교의 하나님은 같다.

이것은 가장 논쟁이 많은 주제이기도 하다. 이것에 대한 해답은 꾸란과 성경을 통해 쉽게 발견할 수 있다.

[이슬람]

이스마엘과 이삭의 아버지는 아브라함이다. 아브라함의 신은 한 분 하나님이시다. 그러므로 이슬람의 신과 기독교의 신은 같다. 일부 무슬림들은 기독교인들에게 자신들의 신앙을 다와(선교)하기 위해 이런 말로 시작하기도 한다.

구약 성경의 내용을 보아서는 맞는 이야기다. 그러나 앞에서 말했듯 무슬림들은 세 신을 믿는 기독교와 한 신을 믿는 이슬람은 다르다고 믿고 있다. 이렇게 꾸란은 기독교인들이 세 신을 믿는 삼위일체 종교이기 때문에 불신자라고 말하면서도 동시에 기독교가 이슬람과 같다고 상충되는 주장을 한다.

(꾸란 29:46) 우리에게 게시된 것과 너희에게 게시된 것을 믿노라 우

잃어버린 형제 이스마엘

리의 하나님과 너희의 하나님은 같은 하나님이시니 우리는 그분께
순종함이라

(꾸란 29:46) 우리의 하나님과 너희의 하나님은 같은 하나님이시니

(꾸란 42:15) 하나님은 우리의 주인이시요 너희의 주인이시니

[기독교]

유일신으로 한 분이시지만 삼위일체로 함께 하시는 기독교의 하나
님에 비해 오직 한 분이라는 알라(Allah)와는 다르다. 또한 여호와와
알라(Allah)의 성격이 다르다. 여호와가 공의와 사랑의 신이라면, 알
라(Allah)는 오직 공의와 심판의 신일 뿐이다.

알라(Allah)는 인과응보만 있고 스스로 자비를 베풀어 용서를 하거
나 또 여호와처럼 용서해 주기 위해 자신을 죽음에까지 드려 인간을
구하지 않았다. 꾸란은 알라(Allah)의 자비의 용서를 말하고 있지만
그것은 알라(Allah)가 자발적으로 주는 것이 아닌 인간이 착한 일을
한 것에 대한 보상으로 주어지는 것이다.

무엇보다 이슬람과 기독교의 구원관의 차이가 매우 크다. 즉 신에
의해 구원받느냐 아니면 인간의 노력으로 얻느냐의 차이가 난다. 이
슬람에서 은혜로 인한 구원은 허용되지 않는다. 반드시 행위를 통해
자신의 선함을 증명하는 것이 신앙의 기초라고 할 수 있다.

[결론]

존재론적인 유일신 사상과 교리적인 유일신 사상에 이슬람과 기독교의 차이가 있다. 분명 두 믿음 사이에는 공통 부분과 다른 부분이 존재한다. 따라서 어떤 이는 이슬람을 기독교의 이단으로 분류하기도 한다. 다른 말로는 같은 부분과 다른 부분이 동시에 존재하며 그렇기에 같지 않을까 하는 혼란이 올 수 있으나 분명히 중요한 부분에 있어 차이가 있기에 이슬람과 기독교의 하나님을 동일한 유일신으로 보는 것은 옳지 않다.

그러나 일부 동남아시아 이슬람 국가와 아랍권에서는 성경의 하나님을 알라(Allah)라고 표현하며 예배 때 사용하기도 하지만, 그 의미의 차이에 대해 분명히 하면서 사용하는 것이 좋다. 마치 우리가 배타고 여행 가자고 할 때 어느 누구도 먹는 배(pear)를 생각하지 않는 것과 동일한 것이다.

2) 꾸란과 성경에 나타난 하나님의 사랑은 다르다.

이슬람의 하나님은 순종하는 무슬림들에게만 복을 내리신다. 권선징악을 강조하는 종교다. 이것이 나쁜 것은 아니다. 그러나 그 사랑의 크기가 아주 작다. 오직 알라(Allah)를 믿는 무슬림들에게만, 그 안에서도 순종하는 자들만 사랑하신다. 그래서 기독교인들도 이슬람에 들어와 무슬림으로서 하나님을 섬겨야 함을 강조한다.

● Quran

(꾸란 2:195) 하나님은 자선을 행하는 그들을 사랑하시느니라

(꾸란 3:57) 믿음을 갖고 선행을 행하는 신앙인들이여 하나님은 그
들에게 충분한 보상을 내릴지니 하나님은 우매한 자들을 사랑하지
아니함이라

● Bible

(롬 3:24) 그리스도 예수 안에 있는 구속으로 말미암아 하나님의 은
혜로 값없이 의롭다 하심을 얻은 자 되었느니라

(롬 8:39) 높음이나 깊음이나 다른 어떤 피조물이라도 우리를 우리
주 그리스도 예수 안에 있는 하나님의 사랑에서 끊을 수 없으리라

(요일 4:9) 하나님의 사랑이 우리에게 이렇게 나타난 바 되었으니 하
나님이 자기의 독생자를 세상에 보내심은 그로 말미암아 우리를 살
리려 하심이라

[결론]

하나님은 모든 사람을 향한 공평하고 무조건적인 사랑을 주시는 분
이다. 하나님은 모든 인류를 위해 먼저 용서하시고 먼저 사랑하신 사
랑, 죄에 대해서는 단호히 벌하시지만 뉘우치는 자는 누구나 다 용서
하시는 사랑, 언제나 뉘우침을 기다리시는 하나님이시다. 그 사랑은
예수 그리스도의 십자가 사건을 통해 완성하셨다.

3) 하나님은 우리와 교제를 원치 않는다.

[이슬람]

이슬람의 알라(Allah)는 절대 인간에게 나타나지 않는 권위의 신일 뿐이다. 결코 가깝게 할 수 없음을 무슬림들도 알고 있다. 감히 근접할 수 없다. 비록 꾸란이 알라(Allah)는 우리의 동맥보다 가깝게 계신다고 말해도 그들은 그것을 피부로 느끼지 못하며 오히려 가깝게 있다는 것에 대해 친근감보다는 두려움을 더 느낀다. 죄가 들킬까 봐 또는 너무 큰 존재에 대한 두려움 때문에 함께하는 것을 두려워한다. 이슬람교에서는 위대한 알라(Allah)가 자신이 지은 미천한 인간과 직접 대화를 나눈다는 것은 있을 수 없다.

> (꾸란 6:103) 하나님을 인식할 수 있는 시각은 없으나
> (꾸란 7:143) 하나님께서 말씀하시되 네가 나를 직접 보지 못하리라

[기독교]

> (마 7:7) 구하라 그리하면 너희에게 주실 것이요 찾으라 그리하면 찾을 것이요 문을 두드리라 그리하면 너희에게 열릴 것이니
> (시 50:15) 환난 날에 나를 부르라 내가 너를 건지리니 네가 나를 영화롭게 하리로다

[결론]

이슬람교에서는 알라(Allah)가 인간과 직접 대화를 나눈다는 것은 있을 수 없다. 알라(Allah)는 무함마드에게도 직접 나타나시는 것이 아니라 천사 가브리엘을 통해 말했다고 한다. 벌레 같은 인간에게 직접 얘기한다는 것은 바로 알라(Allah)의 권위가 낮아지게 되는 것이고, 인간이 교만해진다고 생각한다. 그러나 성경의 하나님은 개인적으로도 만나 대화를 원하신다. 그래서 기독교인은 하나님과 조용히 대화하는 시간인 기도를 즐겨 하며 나름대로 금식도 하면서 하나님의 임재를 추구한다. 또한 그런 노력을 통해 직접 말씀하시는 체험을 하기도 한다. 여호와 하나님은 기독교 영혼의 주인이지만 주인이기보다는 아바 아버지로서 친근하게 다가오시고 또 그렇게 알아주고 품에 안길 것을 바라신다.

4) 기독교의 성경은 정통성이 없다.

무슬림들이 성경의 정경성을 인정하지 않는 것은 기독교인이 주장하는 모든 말을 부정하기 위한 것일 수 있다. 꾸란의 내용만이 진리라고 주장하면서 기독교가 성경을 가지고 허구의 내용들을 말한다고 한다. 꾸란에 나온 성서의 백성들은 이슬람 초기에 하나님의 백성이었고, 성경은 하나님의 말씀이었다. 그러나 세월이 지나면서 기독교인은 성서를 돈 버는 목적으로 사용하며 타락시켰고, 그것이 현재까지 지속되어 그 책의 신성을 인정할 수 없다고 주장한다.

● Quran

(꾸란 2:79) 그들 손으로 그 성서를 써서 이것이 하나님으로부터 온 것이니 값싸게 사소서 라고 말하는 그들에게 재앙이 있을 것이며 그것을 쓴 그들의 손에도 재앙이 올 것이며 그로써 금전을 모으는 자들에게 큰 재앙이 있을 것이라

(꾸란 3:71) 성서의 백성들이여 너희들은 왜 진실과 허위를 혼동시키며 알고 있으면서도 그 진실을 감추려 하느뇨

● Bible

(딤후 3:16) 모든 성경은 하나님의 감동으로 된 것으로 교훈과 책망과 바르게 함과 의로 교육하기에 유익하니

(눅 24:27) 이에 모세와 모든 선지자의 글로 시작하여 모든 성경에 쓴 바 자기에 관한 것을 자세히 설명하시니라

[결론]

성경은 모두 한 가지 근원인 히브리어(구약)와 헬라어(신약)로부터 각 시대의 말에 맞게 번역되어 종류가 많지만 내용은 모두 동일하다. 다만 시대와 언어에 따른 차이만 있을 뿐이다.

꾸란도 다우드, 유수프 알리, 아베리, 픽탈 번역판이 있을 뿐 원본

잃어버린 형제 이스마엘

이 없다. 무함마드 사후 많은 사람들이 쓴 각자가 원본이라 주장하는 사본들이 있었고, 그것들이 서로 달라 혼란이 많았던 것을 4대 칼리프 우스만이 가장 신뢰하여 선택한 것이 현재 사용하는 꾸란이다.

5) 이슬람은 평화의 종교이다.

[이슬람]

이슬람이라는 단어가 평화라는 의미의 '살람'에서 유래된 것처럼 이슬람은 평화의 종교이며 폭력을 싫어한다. 테러리스트들은 진정한 무슬림이 아니다. 꾸란을 읽는다면 그럴 수는 없다. 대부분의 무슬림들은 다 선량한 평화주의자들이다. 그런데 꾸란과 이슬람을 제대로 알지 못하는 일반인들은 방송을 통해 접한 이슬람을 보고 무슬림을 테러리스트로 간주한다.

● Quran

(꾸란 9:5) 금지된 날이 지나면 너희가 발견하는 불신자마다 살해하고 그들을 포로로 잡거나 그들을 포위할 것이며 그들에 대비하여 복병하라

(꾸란 9:73) 예언자여 불신자들과 위선자들에게 투쟁하며 그들에게 대항하라 지옥이 그들의 안식처이며 종말이 저주스러우리라

(꾸란 47:4) 너희가 전쟁에서 불신자를 만났을 때 그들의 목을 때리라

[결론]

이슬람은 말하기를 꾸란은 성경을 확증하기 위해 왔고, 이슬람이라는 단어는 평화라는 단어에서 왔다고 말한다. 그러나 단어의 사실적 내용은 전쟁을 통한 평화를 상징하는 것도 있다. 이슬람은 단어 자체로는 '평화'라는 것에서 시작되었지만 아라비아반도의 열악한 상황에서 우상 숭배자들의 전쟁을 통해 성장한 종교이다.

꾸란은 근본적으로 투쟁을 가르치는 종교다. 전쟁에 대한 꾸란의 구절들이 무함마드 당시 아라비아반도에서 전쟁을 치르며 이슬람을 확장해 갈 때의 구절들이라고 시대적으로 제한할 수 있지만, 그때나 지금이나 꾸란이 말하고자 하는 근본 취지는 동일하다. 즉 이슬람 외에는 다 올바른 종교가 아니므로 모두 거부해야 하는 것이 맞다고 가르친다.

사실 이 꾸란의 내용은 지금도 유효하며 전 세계의 무슬림들은 생명 걸고 이 말씀에 따라 순종하고 행동해야 한다고 믿고 있다. 그러나 시대가 변하면서 이것이 개인의 내적 싸움을 강조하는 것으로 강조되었지만, 상황에 따라 이 구절은 언제든 폭력을 기반으로 사용될 수 있는 것도 사실이다.

6) 이슬람에서 여성은 남성과 동등한 존재다.

무슬림들은 말하기를 이슬람에서는 여성을 남성과 동등하게 본다

잃어버린 형제 이스마엘

고 말한다. 이슬람의 선지자 무함마드는 여성에게 자비로 왔다고 한다. 무함마드 당시 여성들은 남성에 비해 존재 가치가 매우 미약했다. 꾸란에도 남성과 여성에 대한 차별과 억압의 구절들은 수없이 발견할 수 있다. 그러나 사회가 변화하면서 여성을 바라보는 무슬림들의 인식이 변화하기 시작했고, 무엇보다 여성들 스스로가 불평등한 사회의 모습에 대해 자신들의 목소리를 내기 시작했다.

서구 사회는 이슬람 문화를 바탕으로 살아가는 사회에서 여성에 대한 편견과 차별이 여전히 존재함을 알고 있다. 특히 이슬람 율법이 적용되는 사회는 남성과 여성의 권리에 차별이 매우 큰 것도 사실이다.

그러나 많은 무슬림 여성들은 남성들이 자신들을 억압하고 차별한다고 느끼지 못한다. 이는 그들이 이슬람 문화 속에 살아가면서 그 불편을 느끼지 못함에서 오는 현상일 뿐 여전히 꾸란의 가르침과 율법은 남성과 여성을 엄격히 구분하고 있다.

● Quran

(꾸란 2:223) 여성들은 너희가 가꾸어야 할 경작지와 같나니 너희가 원할 때 경작지로 가까이 가라

(꾸란 2:228) 여성과 남성이 똑같은 권리가 있으나 남성이 여성보다 위에 있나니

(꾸란 2:282) 그리고 두 남자의 증인을 세울 것이며 두 남자가 없을 경우에는 한 남자와 두 여자를 선택하여 증인으로 세우라

● **Bible**

(골 3:25) 불의를 행하는 자는 불의의 보응을 받으리니 주는 사람을 외모로 취하심이 없느니라

(롬 10:12-13) 12 유대인이나 헬라인이나 차별이 없음이라 한 주께서 모든 사람의 주가 되사 저를 부르는 모든 사람에게 부요하시도다 13 누구든지 주의 이름을 부르는 자는 구원을 얻으리라

(고전 11:11) 그러나 주 안에는 남자 없이 여자만 있지 않고 여자 없이 남자만 있지 아니하니라

(엡 5:25, 28) 25 남편들이여 아내 사랑하기를 그리스도께서 교회를 사랑하시고 위하여 자신을 주심 같이 하라 28 이와 같이 남편들도 자기 아내 사랑하기를 제 몸과 같이 할찌니 자기 아내를 사랑하는 것은 자기를 사랑하는 것이니라

[결론]

무슬림은 꾸란에 근거하여 여성에 대한 남성의 책무를 명시하였다.

(꾸란 4:34) 남성은 여성의 보호자라 이는 하나님께서 여성보다 강한 힘을 주셨기 때문이라 남성은 여성을 그들의 모든 수단으로써 부양하나니 건전한 여성은 헌신적으로 남성을 따를 것이며, 남성이 부재시 남성의 명예와 자신의 순결을 보호할 것이라 순종치 아니하고 품행이 단정치 못하다고 생각되는 여성에게는 먼저 먼저 충고를 하

고 그 다음으로는 잠자리를 같이 하지 말며 셋째로는 가볍게 때려
줄 것이라 그러나 다시 순종할 경우는 그들에게 해로운 어떤 수단도
간구하지 말라 진실로 하나님은 가장 위대하시니라

이 구절에 의해 수많은 무슬림 여성들이 학대와 멸시를 당하고 살
해까지 일어나기도 한다. 특히 저개발 국가나 시골지역, 이슬람 율법
이 강한 국가 등에서 더 많이 발생한다. 분명 꾸란의 이 구절 때문에
여인들이 더 많은 불이익을 당하고 있는 것이 사실이다.

이슬람 경전인 꾸란에 기록된 남성의 여성을 향한 역할이 분명하기
에 이슬람 세계에서 여성의 지위는 우리가 생각하는 그 이상일 수 있
다. 그러나 성경은 여성을 사랑하는 것은 그리스도께서 교회를 사랑
함 같이 해야 함을 강조한다. 남성과 여성에 있어 역할에 대한 다름이
있을 뿐 차별이 있을 수 없는 것이다.

7) 무슬림 여성의 히잡은 구속이 아니다.

무슬림 배경의 여성들은 외부에서 활동할 때 히잡을 사용하며 생활
해야 한다. 그러나 이슬람 이외의 국가에서 바라보는 히잡은 여성을
향한 차별이고, 심지어 학대라고 표현하는 이들도 있다. 그러나 무슬
림들은 이것은 여성을 사랑하기 위한 하나님의 방편일 뿐 절대 차별
의 관점으로 바라보지 않는다. 오히려 세상의 악한 남성들로부터 연

약한 여성을 보호하는 이슬람 관습이며 지켜야 할 율법으로 인식하고 있다. 그럼에도 일부 현대 이슬람 또는 세속 이슬람을 표명하는 국가들은 여성의 인권을 인정하는 차원에서 히잡에 대한 의무 착용을 폐지한 곳들도 있다.

● Quran

(꾸란 33:59) 예언자여 그대의 아내들과 딸들과 믿는 여성들에게 베일을 쓰라고 명하라 그때는 외출 할 때라 그렇게 함이 가장 편리한 것으로 그렇게 알려져 간음되지 않도록 함이라 실로 하나님은 관용과 자비로 충만하니라

(꾸란 24:31) 믿는 여성들에게 일러 가로되 그녀들의 시선을 낮추고 순결을 지키며 밖으로 나타내는 것 외에는 어떤 것도 보여서는 아니되니라 그리고 가슴을 가리는 머리 수건을 써서 남편과 그녀의 아버지, 그녀의 아들, 남편의 아들, 그녀 자매의 아들 여성 무슬림, 그녀가 소유하고 있는 하녀, 성욕을 갖지 못한 하인 그리고 성에 대한 부끄러움을 알지 못하는 어린아이 외에는 드러내지 않도록 하라 또한 여성이 발걸음 소리를 내어 유혹함을 보여서는 아니되나니 믿는 사람들이여 모두 하나님께 회개하라 그리하면 너희가 번성하리라

● Bible

(고전 11: 3-5) 3 그러나 나는 너희가 알기를 원하노니 각 남자의 머리는 그리스도요 여자의 머리는 남자요 그리스도의 머리는 하나님이시라 4 무릇 남자로서 머리에 무엇을 쓰고 기도나 예언을 하는 자는 그 머리를 욕되게 하는 것이요 5 무릇 여자로서 머리에 쓴 것을 벗고 기도나 예언을 하는 자는 그 머리를 욕되게 하는 것이니 이는 머리 민 것과 다름이 없음이니라

[결론]

이슬람권에서 여성들이 사용하는 머리 가리개의 종류(히잡, 차도르, 부르카, 니캅)가 있으나, 우리는 일반적으로 히잡이라 표현하며 부르는 경우가 많다. 이슬람에서 히잡은 보편적으로 여성이 남편 외에 성적으로 다른 남성에게 유혹이 되는 것을 막기 위한 조치인 것으로 해석한다.

사실 단순한 스카프와 같은 히잡은 여성의 아름다움의 노출을 절제하면서 여성의 개성을 잘 표현해 준다고 말할 수도 있다. 다만 일부 이슬람 국가의 부르카와 니캅같이 몸 전체를 머리 위에서부터 발끝까지 감싸는 베일은 분명 여성 구속으로 이해할 수 있다. 이들은 자신들이 원치 않아도 이슬람 율법에 의해 자신의 육체를 온전히 가리며 살아야 하는 것이다.

8) 죄인은 모두 지옥 간다.

[이슬람]

꾸란은 두 가지 상반된 답변을 한다. 그러나 특이하게도 하나가 다른 하나를 공격하는 식의 구절들이 꾸란에는 많다. 꾸란은 선행으로 천국 간다는 말이 있다. 그러나 다른 구절은 선행도 소용없고 선행이 모든 죄를 없애지 못한다고 기록되어 있다. 즉 죄가 하나라도 있는 사람은 모두 지옥을 간다는 것이다.

> (꾸란 7:8) 그 날에 저울이 공평하니 선행으로 저울이 무거운 자가 번성하리라
>
> (꾸란 19:60) 그러나 회개하여 믿음을 갖고 선을 행하는 자는 제외되어 천국을 들어갈 것이며 조금도 욕됨이 없으리라
>
> (꾸란 4:56) 하나님의 계시를 불신하는 자들을 화염 속으로 들게 하며 그들의 피부가 불에 익어 다른 피부로 변하니 그들은 고통을 맛보더라
>
> (꾸란 16:61) 하나님께서 사람들을 그들의 죄악으로 벌을 주시려 하셨다면 그 분은 어떤 살아 있는 생명체도 남기지 아니하셨으리라
>
> (꾸란 47:19) 그러므로 하나님 외에 신이 없음을 알라 그리고 그대의 잘못과 믿는 남성과 믿는 여성의 잘못을 위해 용서를 구하라 하나님은 너희의 잘못과 너희의 거주할 곳을 알고 계심이라

[기독교]

성경의 하나님인 여호와는, 인간의 노력이 아닌 거저 주시는 구원의 선물을 약속하신다. 그것은 오직 예수가 십자가에서 대신 죽으심으로 주어진 것이다. 인간 모두를 위한 희생양으로 드려진 예수를 통해서만 얻을 수 있다는 것이다. 그 외의 다른 길은 없다고 기록되어 있다.

> (요 1:12) 영접하는 자 곧 그 이름을 믿는 자들에게는 하나님의 자녀가 되는 권세를 주셨으니
>
> (요 3:16) 하나님이 세상을 이처럼 사랑하사 독생자를 주셨으니 이는 누구든지 저를 믿는 자마다 멸망치 않고 영생을 얻게 하려 하심이라
>
> (행 4:12) 다른 이로써는 구원을 받을 수 없나니 천하 사람 중에 구원을 받을 만한 다른 이름을 우리에게 주신 일이 없음이라 하였다
>
> (행 13:39) 또 모세의 율법으로 너희가 의롭다 하심을 얻지 못하던 모든 일에도 이 사람을 힘입어 믿는 자마다 의롭다 하심을 얻는 이것이라

[결론]

꾸란은 모든 죄인의 지옥행을 말하며 선행과 관계 없이 죄의 중함에 대해 얘기하고 있다. 그러나 또 한편으로는 인간의 노력에 의한 천

국 가는 방법을 약속하고 있는데 요약하면 회개를 하고, 알라(Allah)를 믿고, 선을 행해야 한다고 되어 있다.

성경과 꾸란은 여기서 갈라진다. 성경은 단호히 믿음으로만 천국에 갈 수 있다고 하나, 꾸란은 이슬람을 믿고 선을 행하면 천국 갈 수 있다고 한다. 즉 믿음 위에 선행을 하면 천국에 갈 수 있다고 되어 있다. 오직 유일하신 알라(Allah)를 믿고 또 그의 규율들을 지키는 것이 참된 신자요 그들이 천국에 갈 수 있는 길이라고 한다. 즉 믿음 위에 행위가 있어야 천국에 갈 수 있다는 것이다.

9) 천국과 지옥은 저울로 결정된다.

꾸란은 유대인들의 자긍심에 대해 죄인은 지옥 간다고 단호히 말하고 있다. 또한 천국 가는 자들은 이슬람식 유일신 사상을 믿고 또 착한 일을 한 사람은 간다고 되어 있으나, 어느 정도라는 것은 언급이 없고 알라(Allah)만 안다고 한다. 그래서 구원의 확신은 알라(Allah)에게 맡겨지고 죽을 때까지 유보되어 확신이 없다.

● Quran

(꾸란 4:169) 지옥으로 가는 길 외에는 길이 없으매 그곳에서 영생하리라

(꾸란 19:60) 그러나 회개하여 믿음을 갖고 선을 행하는 자는 제외되

어 천국에 들어 갈 것이며

(꾸란 7:8-9) 그 날에 저울이 공평하니 선행으로 저울이 무거운 자가 번성하리라 9저울이 가벼운 자는 하나님의 말씀을 거역한 것으로 그들의 영혼을 잃게 되리라

(꾸란 46:9) 단순한 경고자 무함마드는 지옥에서 사람 구할 힘이 없다

● Bible

(히 9:27) 한번 죽는 것은 사람에게 정하신 것이요 그 후에는 심판이 있으리니

(마 24:18-19) 18 그때에 사람들이 너희를 환난에 넘겨 주겠으며 너희를 죽이리니 너희가 내 이름을 위하여 모든 민족에게 미움을 받으리라 19 천국 복음이 모든 민족에게 증거되기 위하여 온 세상에 전파되리니 그때야 끝이 오리라

[결론]

꾸란은 또한 죽어서 알라(Allah) 앞에 가면 저울이 있는데 선행과 악행의 무게를 달아 죄가 무거우면 지옥행이라고 한다. 이때 이슬람의 또 다른 경전 하디스는 무함마드가 손가락으로 저울을 눌러 도와준다고 한다. 그러나 꾸란은 중재자는 없으며 죄인은 모두 지옥행이라고 밝힌다.

성경도 단호히 죄인은 지옥행이라고 말씀하신다. 누구도 예외가 없

다. 모든 인간은 다 죄인이다. 지옥은 하나님이 보내시는 것이 아니라 이미 정해진 규칙을 어기고 죄를 진 댓가로 따라오는 결과인 것이다. 여호와께서는 자식들이 죄의 댓가로 사탄에게 이끌리어 지옥으로 가는 모습을 차마 보실 수 없으시고 가슴 아파 하심으로 예수를 통한 구원의 길을 열어 놓으셨다. 누구든지 진심으로 죄를 뉘우치고 죄사함을 믿는다면 모든 죄를 용서받고 지옥 갈 필요가 없다. 그래서 예수가 필요한 것이다.

잃어버린 형제 이스마엘

4. 사영리(4가지 영적 원리)

기독교와 이슬람이 가진 1,400년 이상의 불편한 관계는 서로를 올바로 이해함으로 해결될 수 있다고 생각합니다. 그러기 위해서는 서로의 경전인 성경과 꾸란을 비교함으로 서로를 더 잘 이해하게 되고 혹시 잘못 오해하고 있었던 부분들은 올바로 조정할 수 있을 것입니다. 그래서 여러 관심 부분 중 천국에 갈 수 있는 방법과 또 우리의 죄는 어떻게 해결될 수 있는지에 대한 성경과 꾸란의 말씀을 간단히 알아보고자 합니다.

하나님은 인간을 창조하셨으며 그들과 동행하기를 원하셨습니다. 그러나 인간의 잘못으로 인해 완벽했던 관계가 깨졌습니다. 즉 함께 살 수 없게 된 것입니다. 그러나 사랑의 하나님은 인간이 모든 죄를 용서받고 다시 함께 영원히 살길을 열어 놓으셨습니다. 그 길을 따르면 영원한 행복이요, 그 길을 선택하지 않으면 영원한 죄의 형벌이 있게 됩니다.

첫째 원리는 하나님에 대해 올바로 아는 것이 중요합니다.
하나님은 한 분이며, 창조주이시고, 심판자이시며, 구원자이시고 당신을 누구보다 사랑하십니다. 성경은 하나님은 한 분이며 그분의

이름은 여호와라고 밝히고 있습니다. 그분은 아버지 하나님의 속성, 아들 하나님의 속성, 성령 하나님의 속성을 가지신 한 분입니다. 이것을 영적인 사실로 알며 쉽게 이해할 수 있습니다. 꾸란이 기독교인들은 세 신을 믿는다고 말하는 것은 오해입니다.

> (꾸란 2:163) 너희들의 하나님은 한 분이사 그분 외에는 신이 없으며 그 분은 은혜와 지혜로 충만하시니라
> (신 4:35) 너희에게 이것을 나타내심은 여호와는 하나님이시요 그 외에는 다른 신이 없음을 내게 알게 하려 하심이니라
> (막 12:29) 예수께서 대답하시되 첫째는 이것이니 이스라엘아 들으라 주 곧 우리 하나님은 유일한 주시라

1. 이 세상 끝에는 심판이 있고, 구원자 예수님(이사)은 심판하러 다시 오십니다. 그래서 성경과 꾸란은 다음과 같이 말하고 있습니다.

> (히 9:27) 한 번 죽은 것은 사람에게 정하신 것이요 그 후에는 심판이 있으리니
> (꾸란 43:61) 실로 예수의 재림은 심판이 다가옴을 예시하는 것이라 일러 가로되 그 시각에 대하여 의심치 말고 나를 따르라 이것이 옳은 길이라

2. 그런데 성경은 인간이 죄 때문에 천국에 갈 수 없다고 말합니다. 그래서 하나님은 예수를 이 땅에 보내셨습니다. 그래서 꾸란의 예수도 "나를 따르라"고 말하는 것입니다.

(꾸란 3:31) 일러 가로되 너희가 하나님을 사랑한다면 나를 따를 것이라 그리하면 하나님께서 너희를 사랑하사 너희 죄를 사하여 주시니 하나님은 용서와 자비로 충만하시니라

(요 3:16) 하나님이 세상을 이처럼 사랑하사 독생자를 주셨으니 이는 저를 믿는 자마다 멸망치 않고 영생을 얻게 하심이라

(딤전 1:15) 미쁘다 모든 사람이 받을 만한 이 말이여 그리스도 예수께서 죄인을 구원하시려고 세상에 임하셨다 하였도다

둘째 원리로 하나님은 당신을 위한 놀라운 계획을 가지고 있습니다.

죄의 결과는 지옥이고 그곳에서 영원히 나올 수 없습니다. 이것을 성경과 꾸란은 정확하게 말하고 있습니다.

(꾸란 4:169) 지옥으로 가는 길 외에는 길이 없으매 그곳에서 영생하리라

(롬 3:23) 모든 사람이 죄를 범하였으매 하나님의 영광에 이르지 못하더니

(마 25:46) 저희는 영벌에 의인들은 영생에 들어가리라

(요 5:24) 내가 진실로 진실로 너희에게 이르노니 내 말을 듣고 또 나 보내신 이를 믿는 자는 영생을 얻었고 심판에 이르지 아니하나니 사망에서 생명으로 옮겼느니라

셋째 원리는 성경은 죄 용서와 진정한 구원의 길을 말씀하십니다.

성경은 그것을 분명하게 제시합니다. 꾸란도 백성을 위한 예증과 하나님의 은혜가 있다고 합니다. 그것이 무엇일까요? 바로 예수 십자가를 통한 죄 용서입니다. 또한 꾸란에 보면 이사의 이름인 알 마시(그리스도)가 구세주임을 증명합니다.

(꾸란 3:45) 천사들이 말하길 마리아여 하나님께서 너에게 말씀으로 복음을 주시니 마리아의 아들로서 그의 이름은 메시아 예수이니라 그는 현세와 내세에서 훌륭한 주인이시오 하나님과 가까이 있는 자 가운데 한 분이라

(사 7:14) 그러므로 주께서 친히 징조로 너희에게 주실 것이라 보라 처녀가 잉태하여 아들을 낳을 것이요 그 이름을 임마누엘이라 하리라

(꾸란 19:21) 그것은 내게 쉬운 일이라 그로 하여금 백성(인간)을 위한 예증이 되게 하고 하나님의 은혜(자비)가 되도록 이미 그렇게 명하여진 일이었노라

잃어버린 형제 이스마엘

(마 1:21) 아들을 낳으리니 이름을 예수라 하라 이는 그가 자기 백성을 저희 죄에서 구원할 자이심이라 하니라

(요 3:17) 하나님이 그 아들을 세상에 보내신 것은 세상을 심판하려 하심이 아니요 저로 말미암아 세상이 구원을 얻게 하려 하심이라

넷째 원리가 우리에게 있어 매우 중요합니다.

우리가 구원받는 길은 오직 한 가지입니다. 예수 그리스도를 믿음으로 그분을 '나의 구주 나의 하나님'으로 영접하는 것입니다. 그러면 우리는 우리 각 사람에 대한 하나님의 사랑과 계획을 알게 되며 또 그것을 체험하게 됩니다. 꾸란은 인간의 노력에 의한 죄 용서를 가르치나, 성경은 예수 그리스도안에서 믿음의 고백을 통한 죄 용서를 말합니다.

우리가 아무리 노력을 해도 불완전한 인간은 꾸란에서 말한 것처럼 죄 용서를 받을 만한 행위를 할 수 없습니다. 아무리 노력해도 우리의 실천에는 한계가 있고 우리의 행위가 구원을 만들 수 없습니다. 그래서 하나님은 완전하신 예수의 십자가 사건을 통해 죄 용서와 구원의 길을 열어 주셨습니다. 이것을 믿고 예수를 나의 구주로 인정하면 그분은 우리의 주인이 되시고 우리의 죄를 용서하시며 천국의 백성으로 인도하시는 것입니다.

(요 14:6) 예수께서 이르시되 내가 곧 길이요 진리요 생명이니 나로

말미암지 않고는 아버지께로 올 자가 없느니라

(행 2:21) 누구든지 주의 이름을 부르는 자는 구원을 받으리라 하였느니라

(요 1:12) 영접하는 자 곧 그 이름을 믿는 자들에게는 하나님의 자녀가 되는 권세를 주셨으니

(요 5:24) 내가 진실로 진실로 이르노니 내 말을 듣고 또 나 보내신 이를 믿는 자는 영생을 얻었고 심판에 이르지 아니하나니 사망에서 생명으로 옮겼느니라

(행 4:12) 다른 이로써는 구원을 받을 수 없나니 천하 사람 중에 구원을 받을 만한 다른 이름을 우리에게 주신 일이 없음이라 하였더라

세상 모든 사람을 두 종류로 나눌 수가 있습니다. 하나는 자기중심적으로 살며 내 노력으로 천국 가려다 지옥에 가는 사람이고, 다른 하나는 내 노력으로 죄 용서 받을 수 없음을 인정하며 예수 그리스도를 영접하고 그분을 인생의 주인으로 섬기다가 천국에서 영원히 사는 사람입니다. 그래서 당신에게 묻고 싶습니다.

(새로운 시작)
당신은 어떤 사람이 되기를 원하십니까?
주님은 지금도 당신을 기다리고 있습니다.
당신은 지금 바로 믿음의 기도로 예수 그리스도를 영접할 수 있습니다.

지금 바로 예수님을 나의 구주로 영접하시겠습니까?

기도는 하나님과 이야기하는 것입니다. 이렇게 기도를 따라하시면 됩니다.

어떻게 생각하십니까? 저를 따라 믿음의 고백을 해 보시겠습니까?

(마음의 고백)

주 예수님, 저는 죄인입니다.

저는 예수님께서 십자가에서 죽으심으로 저의 죄를 다 용서해 주셨음을 믿습니다.

또한 저를 사랑하셔서 영생 주심을 감사합니다.

지금 제 마음의 문을 여니 제게 들어와 주십시오.

저를 다스려 주시고 저를 주님이 원하시는 사람으로 만들어 주십시오.

저의 구주 저의 하나님이 되어 주신 것 감사합니다.

앞으로 예수를 나의 구주로 믿고 증거하는 삶을 살겠습니다.

예수님의 이름으로 기도합니다. 아멘.

이 기도가 마음에 드십니까? 만일 이 기도가 당신의 마음에서 나온 믿음의 고백이라면 당신은 하나님의 백성이 된 것입니다. 그분은 당신의 죄를 다 용서하시고 많은 큰 복을 허락하실 것입니다. 당신이 진실한 마음으로 기도했다면 이제 당신은 예수 그리스도를 영접한 것입니다. 진심으로 축하드립니다.

지금 우리는 위 내용을 기도하는 마음으로 함께 보았습니다. 그렇다면 우리가 구원받았다는 것을 어떻게 알 수 있을까요?

무슨 근거로 하나님이 당신의 기도를 들으셨다는 사실을 알 수 있을까요?

그것은 하나님께서 성경을 통해 직접 약속하셨기 때문입니다.

그래서 성경 읽는 것이 중요한 것입니다.

(요 5:24) 내가 진실로 진실로 이르노니 내 말을 듣고 또 나 보내신 이를 믿는 자는 영생을 얻었고 심판에 이르지 아니하나니 사망에서 생명으로 옮겼느니라

(롬 5:1) 그러므로 우리가 믿음으로 의롭다 하심을 얻었은즉 우리 주 예수 그리스도로 말미암아 하나님으로 더불어 화평을 누리자

(요일 5:11-13) 11 또 증거는 이것이니 하나님이 우리에게 영생을 주신 것과 이 생명이 그 아들 안에 있는 그것이니라 12 아들이 있는 자에게는 생명이 있고, 하나님의 아들이 없는 자에게는 생명이 없느니라 13 내가 하나님의 아들의 이름을 믿는 너희에게 이것을 쓴 것은 너희로 하여금 너희에게 영생이 있음을 알게 하려 함이니라

(그리스도인의 삶)

이제 하나님의 자녀로 새롭게 태어났으니 새 신분에 맞는 생활을 하십시오.

잃어버린 형제 이스마엘

(1) 날마다 하나님께 기도하십시오.

(요 15:7) 너희가 내 안에 거하고 내 말이 너희 안에 거하면 무엇이든 지 원하는 대로 구하라 그리하면 이루리라

(2) 하나님의 말씀인 성경을 날마다 읽으십시오.

(행 17:11) 베뢰아에 있는 사람들은 데살로니가에 있는 사람들보다 더 너그러워서 간절한 마음으로 말씀을 받고 이것이 그러한가 하여 날마다 성경을 상고하므로

(3) 하나님께 항상 순종하십시오.

(요 14:21) 나의 계명을 지키는 자라야 나를 사랑하는 자니 나를 사랑하는 자는 내 아버지께 사랑을 받을 것이요 나도 그를 사랑하여 그에게 나를 나타내리라

(4) 말과 행동으로 그리스도를 증거하십시오.

(마 4:19) 말씀하시되 나를 따라오라 내가 너희를 사람을 낚는 어부 가 되게 하리라 하시니

(5) 지극히 작은 일까지도 하나님께 맡기십시오.

(벧전 5:7) 너희 염려를 다 주께 맡기라 이는 그가 너희를 돌보심이라

(6) 성령께서 당신의 일상 생활을 주관하시게 하고 능력을 받아 그리스도의 증인이 되십시오.

(갈 5:17) 내가 이르노니 너희는 성령을 따라 행하라 그리하면 육체의 욕심을 이루지 아니하리라 육체의 소욕은 성령을 거스르고 성령은 육체를 거스르나니 이 둘이 서로 대적함으로 너희가 원하는 것을 하지 못하게 하려 함이니라

5. 자주 쓰는 이슬람 용어

꾸란(Quran) 이슬람의 경전

나비(Nabi) 선지자, 예언자, 알라(Allah)로부터 보냄을 받은 사람

니캅(Niqab) 눈만 남기고 얼굴은 덮은 베일

다르알 이슬람(Dar al Islam) 평화의 집

다르알 하릅(Dar al harb) 비무슬림 지역, 전쟁의 집

다와(Dawah) 이슬람교도식 지상명령

딤미(Dhimmi) 세금을 지불하는 사람

라 일라하 일알라(La Ilaha Illalah) 알라(Allah) 외에 신은 없다

라마단(Ramadan) 이슬람 30일 기도 시간

라술(Rasul) 메신저로 예언자와는 달리 경전을 받은 사람

마드라사(Madrass) 이슬람을 교육하는 학교

마샬라(Mashallah) 알라(Allah)의 뜻대로 됨

마스지드(Masjid) 모스크(Mosque) 이슬람 사원

메디나(Medina) '야스립(Yathrib)'이라 불렸으며 무함마드가 메카에서 이동한 지역

메카(Mecca) 이슬람의 성지, 선지자 무함마드의 출생지

모스크(Mosque) 아랍어로 이마를 땅에 대고 절하는 곳

무슬림(Muslim) 알라(Allah)에게 '복종하는 자'

무함마드(Muhammad) '찬양받는'이란 뜻으로 이슬람 선지자

비스말라(Bismalah) 자비롭고 동정심이 많은 알라(Allah)의 이름으로

부르카(Burka) 온몸과 얼굴, 눈까지 덮은 옷

사움(Sawm) 라마단 달에 행하는 금식

살라트(Salat) 하루에 다섯 번 일정한 시간 메카를 향해 행하는 기도

샤리아(Sharia) 이슬람의 율법

샤하다(Shahadah) 무슬림의 공개적인 신앙고백

수라(Surah) 꾸란의 장

수피(Sufi) 무슬림 신비주의자

순나(Sunna) 무함마드의 말과 행동

시아(Shia) 이슬람의 2대 주요 분파 중의 하나

싸움(Sawm) 라마단 기간 동안 일출부터 일몰까지 음식 및 음료의 섭취를 하지 않는 것

쌀라(Salah) 이슬람식 기도, 하루 다섯 번 하는 의무적인 기도

아잔(Azan) 무슬림에게 금요일 공중예배와 하루 다섯 번의 기도 시간을 알리는 소리

알라트, 알우짜, 알마나트(Al Lat, Al Uzza, Al Manat) 메카 사람들이 섬겨 오던 여신들

알라후 아크바르(Allahu akbar) 알라(Allah)는 위대하시다라는 무슬림들의 신앙고백

알 함두릴라(Alhamdulillah) 알라(Allah)를 찬양하라라는 무슬림들의 신앙고백

앗살라무 알레이쿰(Assalamu alaikum) 평화가 임하기를 이란 뜻

와알레이쿰 앗살람(Walaikum assalam) 그리고 당신에게도 평화가 함께하길

움마(Ummah) 모든 무슬림 신자들의 공동체, 무슬림 국민을 지칭하는 말

이드무바락(Eid mubarak) 축복받은 잔치 또는 축제

이맘(Imam) 모스크의 신앙 지도자

이슬람(Islam) 어원적으로 복종, 순종이라는 의미

인샤알라(Inshallah) 알라(Allah)의 뜻이라면

자카트(Zakat) 가난한 사람들에게 기부하도록 요구되는 것

지즈야(Jizyah) 초기 이슬람 통치자들이 비무슬림들에게 요구한 인두세

지하드(Jihad) 거룩한 전쟁 또는 고전분투(struggle)

진(Jinn) 인간과 천사의 중간 존재

책의 백성(People of the Book) 유대교인들과 기독교인들을 일컫는 말

카바(Kaaba) 사우디아라비아의 메카에 있는 검은색 정육면체탑

칼리프(Caliph) 이슬람 제국의 최고 통치자

키블라(Qibla) 메카의 카바를 향해 매일 행하는 이슬람교도식 기도 방향

키야스(Qiyas) 코란과 순나로부터 법률 원리를 연역해 내는 유추적 추론

타키야(Taqiya) 모략을 허용하는 표현

타프시르(Tafsir) 아랍어로 '해설'이라는 뜻

파트와(Fatwa) 법학자들의 법률적 유권해석

하디스(Hadith) 예언자 무함마드에 관한 구전 전승

하람(Haram) 금지된 것

하지(Hajj) 이슬람력 12월에 이루어지는 순례

하피즈(Hafiz) 꾸란 전체를 완벽하게 외운 사람

히잡(Hijab) 여성들의 몸과 머리카락을 가리는 이슬람식 의상

히즈라(Hijrah) 예언자 무함마드가 박해를 피해 메카에서 메디나로 이주한 것

O.I.C(Organization of The Islamic Conference) 이슬람국가들의 연합모임 기구

잃어버린 형제 이스마엘

참고 문헌 및 온라인 자료

장 후세인 무함마드, 그는 누구입니까? 서울: 젠나무민스, 2015.

압돌 와합 자히드, 이슬람 신앙 2, 서울: 한국이슬람중앙회, 2002.

공일주, 이싸냐 예수냐, 서울: 죠이선교회, 1997.

김정위, 이슬람원리주의, 한국 이슬람학회 논총, 제3집, 1993.

송기득, 역사의 예수 그는 누구이며 우리에게 무엇인가, 서울: 대한기독교서회, 2010.

앤 쿠퍼, 우리 형제 이스마엘, 서울: 두란노, 1992.

이슬람 연구소, 무슬림은 예수를 누구라 하는가, 서울: 예영커뮤니케이션, 1995.

잭 버드, 이슬람이란 무엇인가, 중동선교회 역, 서울: 도서출판 예루살렘, 1992.

최영길, 성꾸란 의미의 한국어 번역, 파하드 국왕 꾸란 출판청, 1997.

소윤정, 꾸란과 성령, 서울: 기독교문서선교회, 2009.

신동식, 기독교 세계관이 상실된 세상에서, 서울: 우리시대, 2014.

이명권, 무함마드와 예수 그리고 이슬람, 서울: 코나투스, 2008.

전재옥, 기독교와 이슬람, 서울: 이화여자대학교출판부, 2003.

안신, 이슬람과 기독교의 예수 이해에 대한 연구: 꾸란과 초기 고행문학동학회논문,
제30-1호, 서울: 한국중동학회, 2009.

장훈태, 이슬람과 기독교의 메시아 사상과 기독론; 제 12회 기독교 문화 및 신학 세미
나, 서울: 숭실대학교 한국기독교문화연구소, 2002.

Naji Ibrahim, 하나님의 속성은 무엇인가?, 서울: 한국이슬람교중앙회, 2009.

Abdul Rahman Alsheha, 최영길 역, 행복으로 가는 길 서울: 도서출판 알림, 2016.

I, A, Ibahim, 이슬람 이해 돕는 안내서, 서울: 아담출판사, 2002.

Camel B Q 071023 열방의 무슬림을 품는 한국인(열무김치) 자료

Chawkat Moucarry, 기독교와 이슬람의 대화(Faith to Faith), 서울: 예영커뮤니케이션, 2003.

Huseyin Kirdemir, 이슬람의 세계관(View of Islam to the world), 서울: 이슬람하우스, 2009.

Jacques Ellul, 이슬람과 기독교(Islam et judeo-christianisme), 이상민 역, 서울: 도서출판 대장간, 2013.

Bernard Lewis, 중동의 역사(A Survey of Arab History), 이희수 역, 서울: 까치, 1998.

Bruce Lawrence, 꾸란이펙트(The Qur'an: Books That changed the World), 배철현역, 서울: 세종서적, 2014.

John Gilchrist, 꾸란과 성경의 비교연구(A Comparative Study Of The Quran And The Bible), 전병희 역, 서울: 서로사랑, 2010.

A. Ezzati, The spread of Islam (London: Saqi Books), 2002.

Hafiz Ghulam Sarwar, Muhammad The Holy Prophet, Pakistan: Muhammad Ashraf, 1980.

John L, Esposito, The Oxford History of Islam (New York: Oxford University press, 1999.

http://jmiuubf.kimc.net/muslim/j_muslim.htm, "무슬림은 예수를 어떻게 보는가?", http://www.christiantoday.co.kr/articles/269515/20140113 "역사적 예수는 나와 사회와 역사와 우주의 구세주"

http://www.christiantoday.co.kr/articles "예수 죽음의 의미 대속의 죽음", http://www.danielpipes.org/comments/30463.Daniel pipes, " The true meaning of La ilaha illallah", http://kr.christianitydaily.com/articles/83849/20150625.htm.

http://www.muslim.org/islam/allah.htm.

http://kcm.co.kr/ency/place.

QR CODE

1장

https://www.yna.co.kr/view/AKR20190726157300980 세계 3대 종교의 성지 예루살렘

https://www.bbc.com/korean/international-57147399 이스라엘-팔레스타인인 분쟁: 이들이 싸우는 이유

http://www.atlasnews.co.kr/news/articleView 성경과 코란에 달리 서술된 이삭과 이스마엘

2장

https://naver.com/viewer/postView.naver 알라딘의 지니는 왜 푸른색이 되었을까?

http://theologia.kr/board_korea/27933 이슬람 가족 공동체 이해를 통한 선교전략

http://www.islammission.org/prophecy 구약에는 무하메드에 대한 예언이 있는가?

3장

https://www.youtube.com/watch?vHQ The Messiah (Iranian Film)

http://www.islammission.org/introduction/eschatology 이슬람의 종말론

https://namu.wiki/w/%EB%82%99%EC%9 낙원과 이슬람

4장

https://brunch.co.kr/@56a3fac31a6a4cb/54 이슬람 경전 '꾸란'과 성경, '샤리아' 율법

http://diverseasia.snu.ac.kr 유럽 속 무슬림: 이주와 정착, 사회 통합의 과정과 갈등

https://krim.org/%EC%9D 이슬람 급진주의와 종교자유

5장

https://naver.com/PostView.naver 이슬람교의 역사와 전통

https://www.hankookilbo.com/News 유대교와 이슬람교, 그 반목의 역사

https://namu.wiki/w/%EBF938G 기독교와 이슬람의 천국관

6장

http://www.thetruthlighthouse.org 이슬람의 경전 꾸란은 어떻게 탄생했나?

https://www.dokdok.co/post/islam2 이슬람은 무엇에 의해 움직이는가

https://www.bbc.com/korean/international 무슬림: 크리스마스에 기억해야 할 '무슬림' 예수

7장

https://www.cricum.org/95 sns시대의 문화선교

https://www.seoul.co.kr/news파리 테러 계기로 본 유럽의 이슬라모포비아 원인과 해법

https://www.joongang.co.kr/article 유럽을 보라, 이민은 해결책 아니다